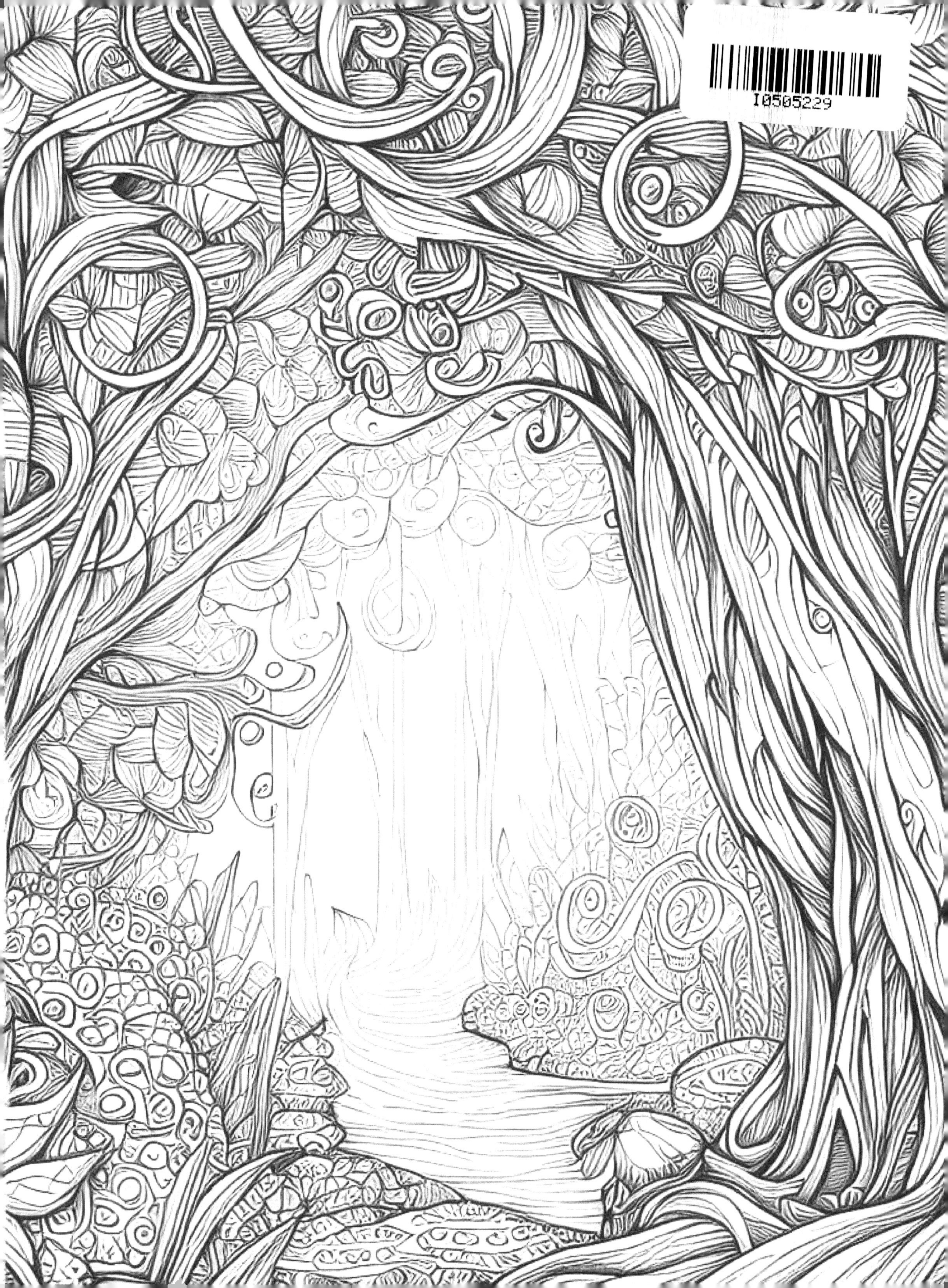

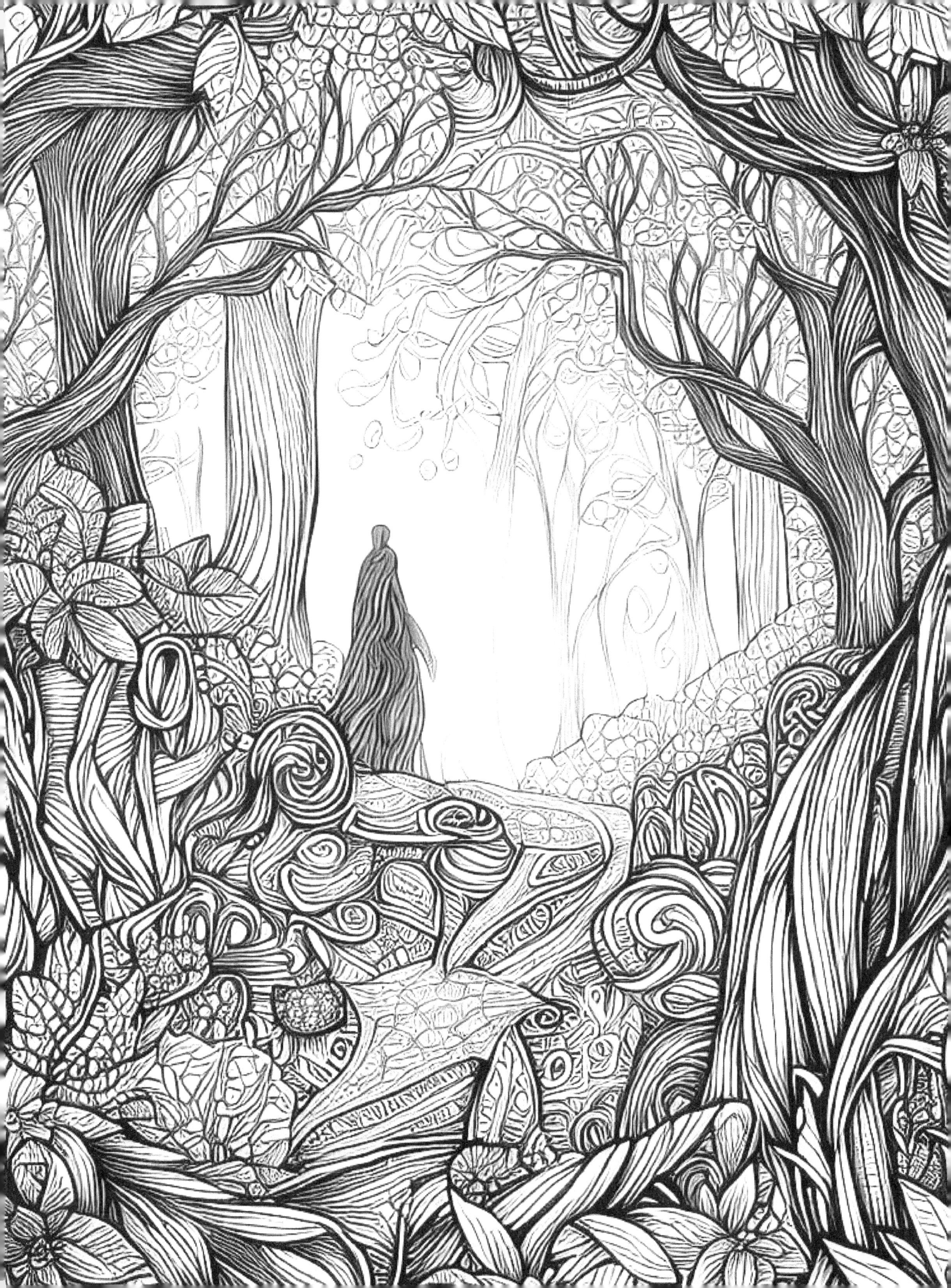

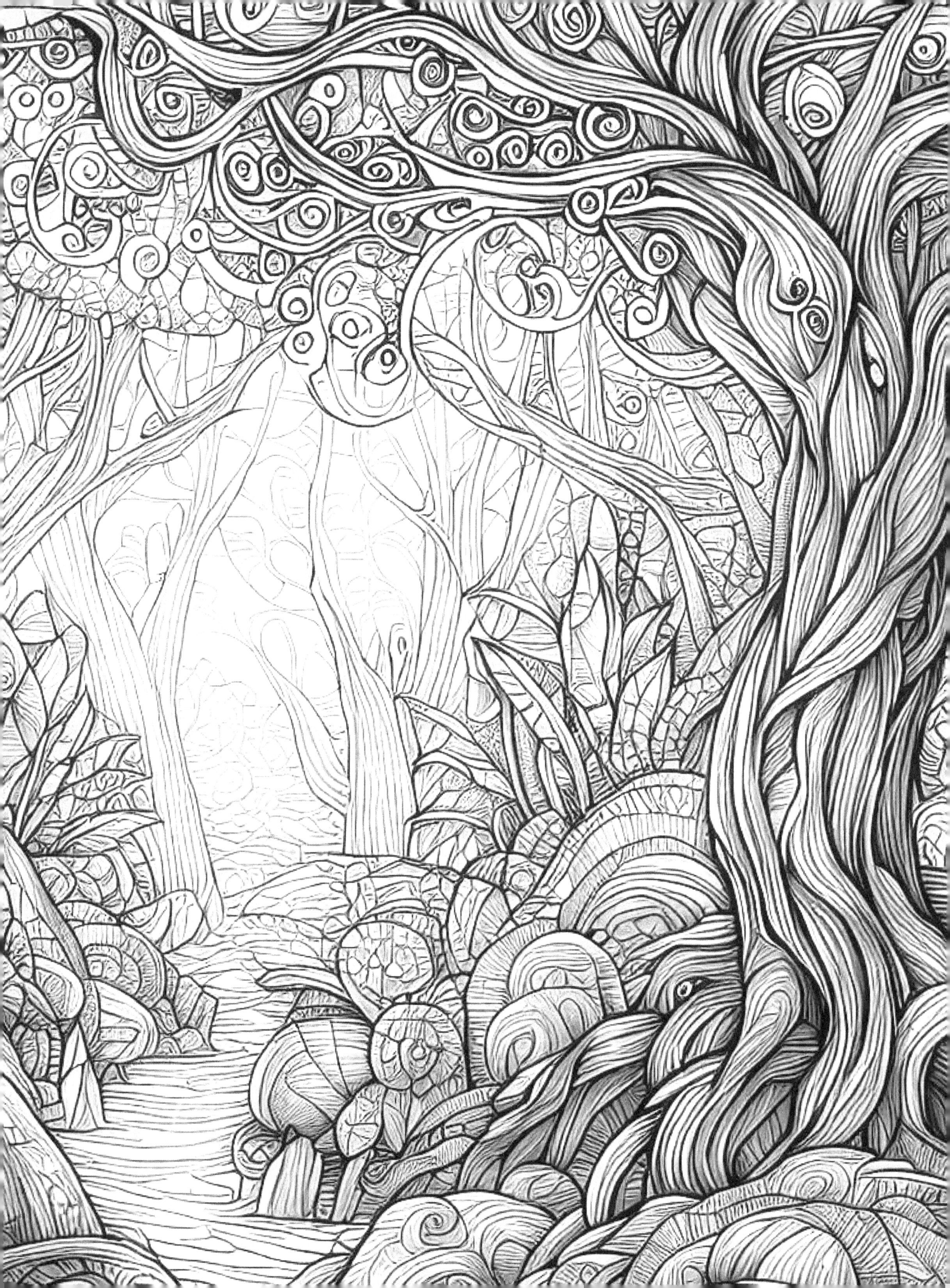

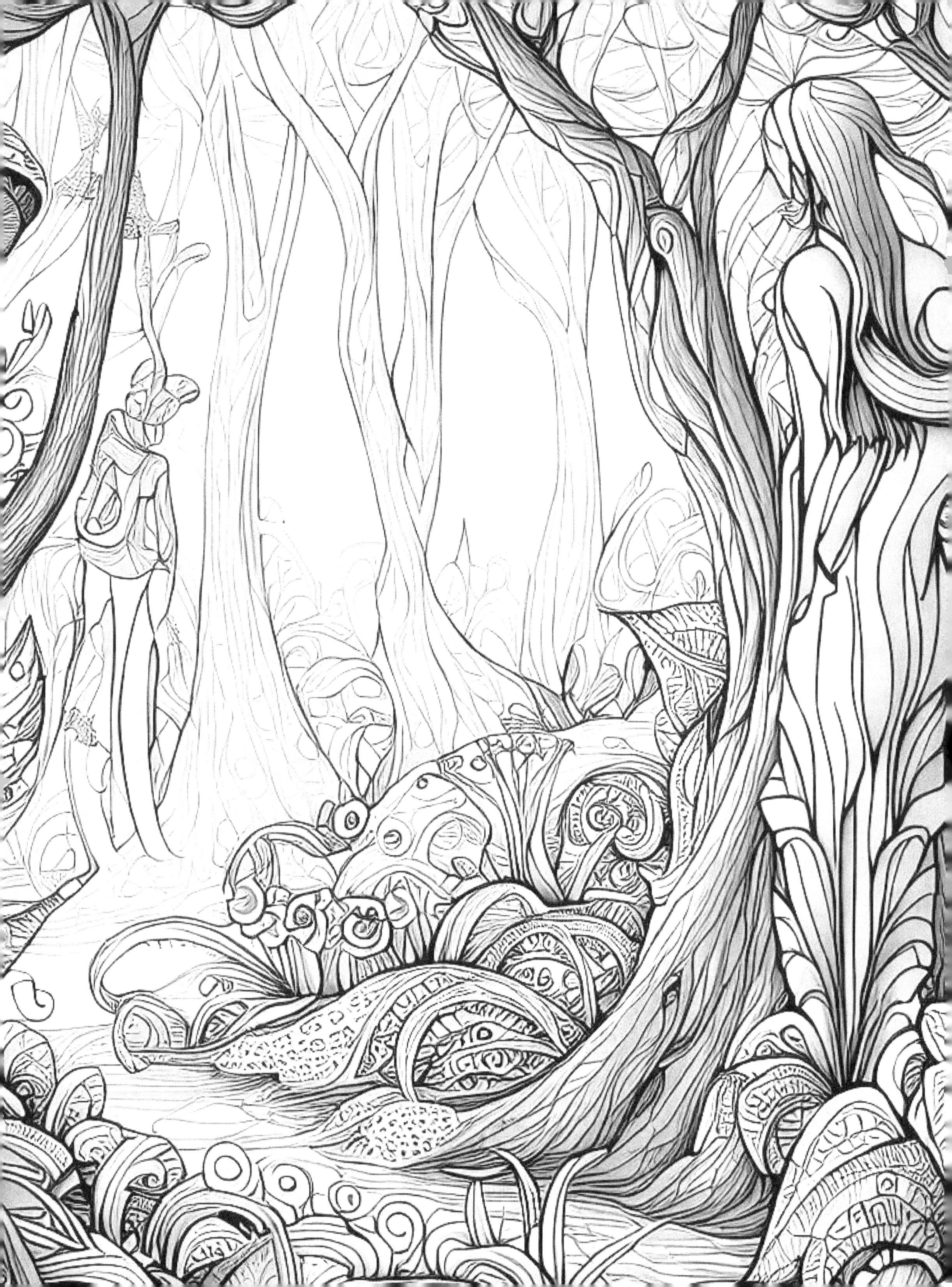

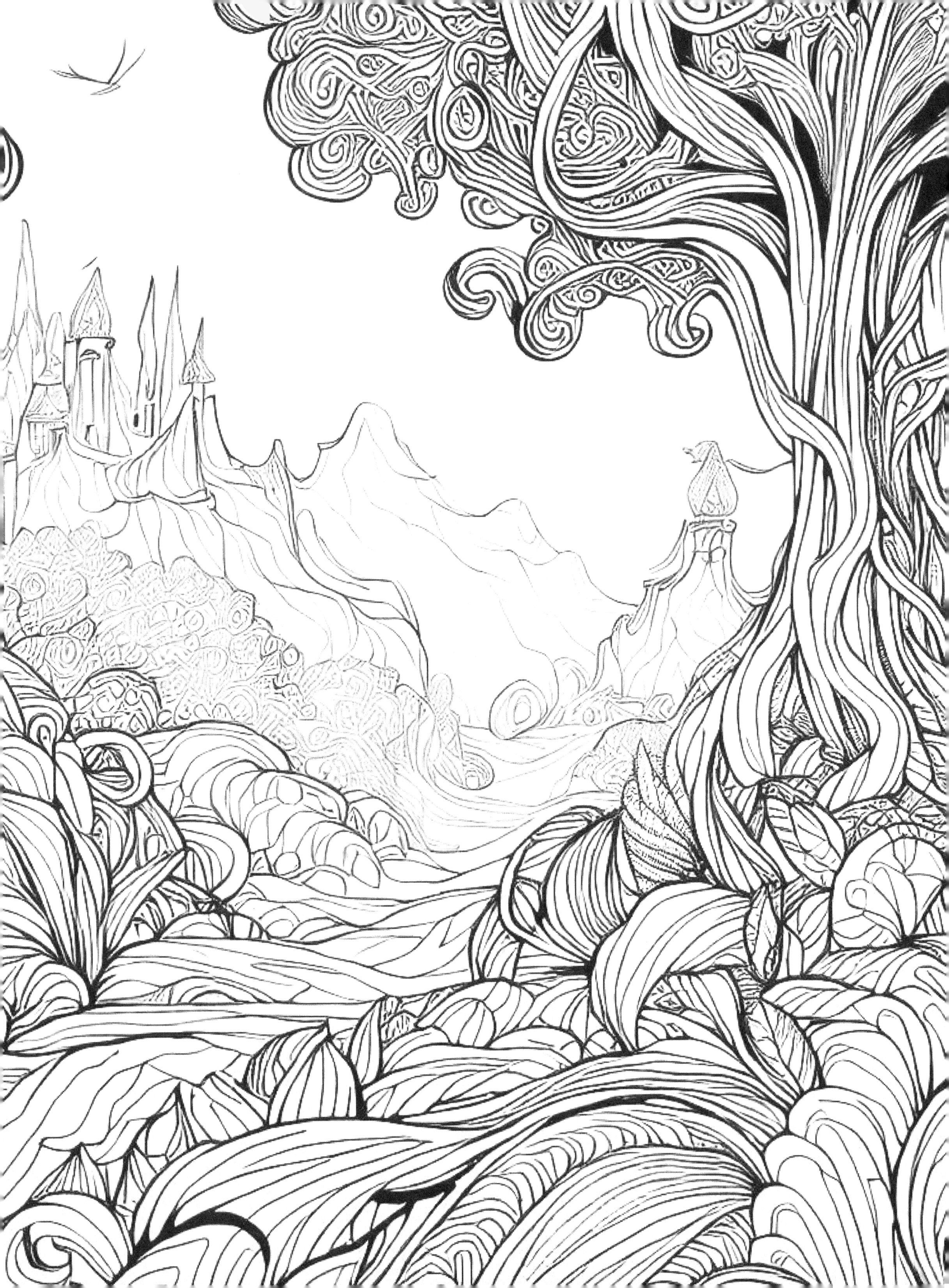

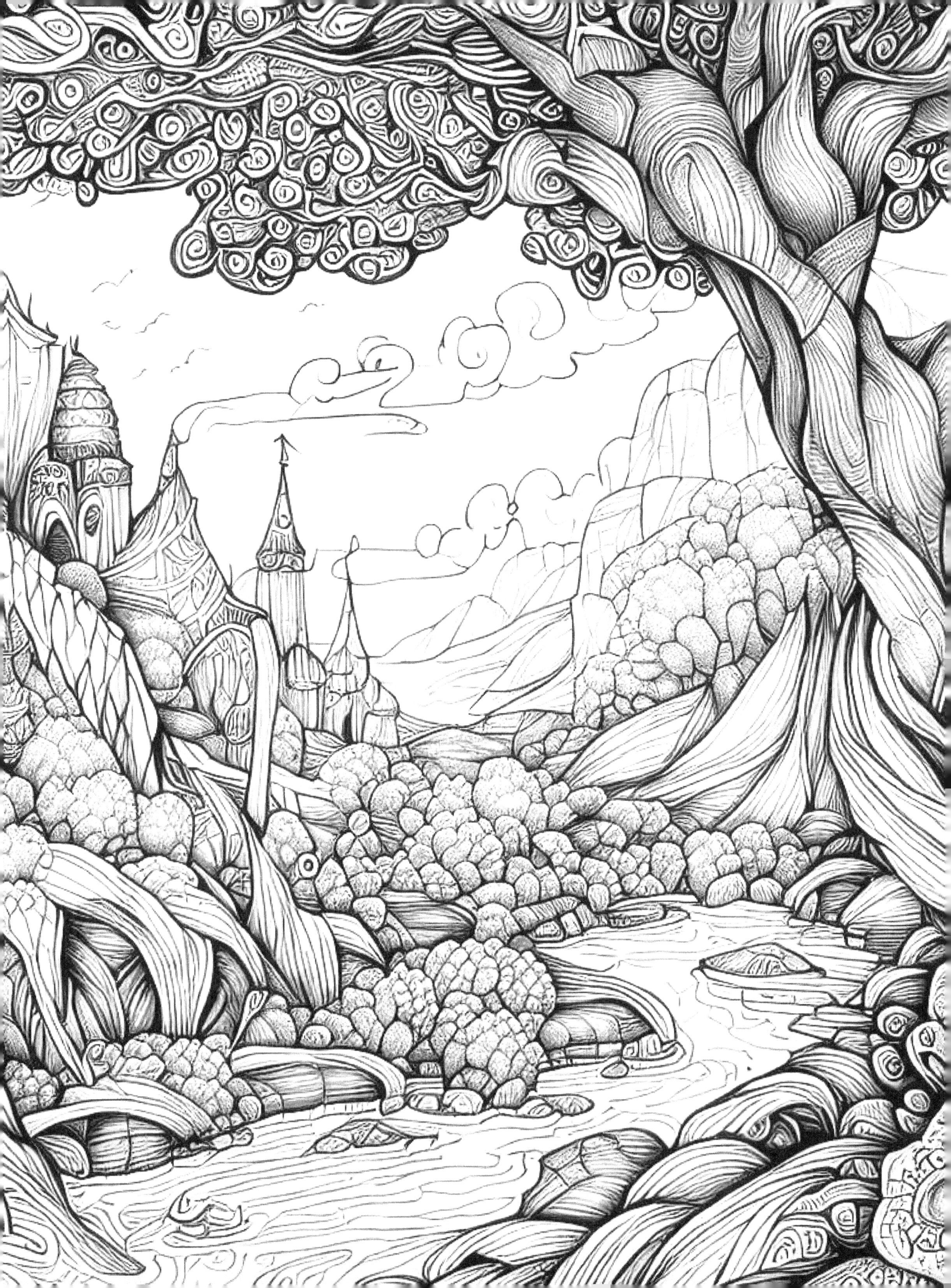

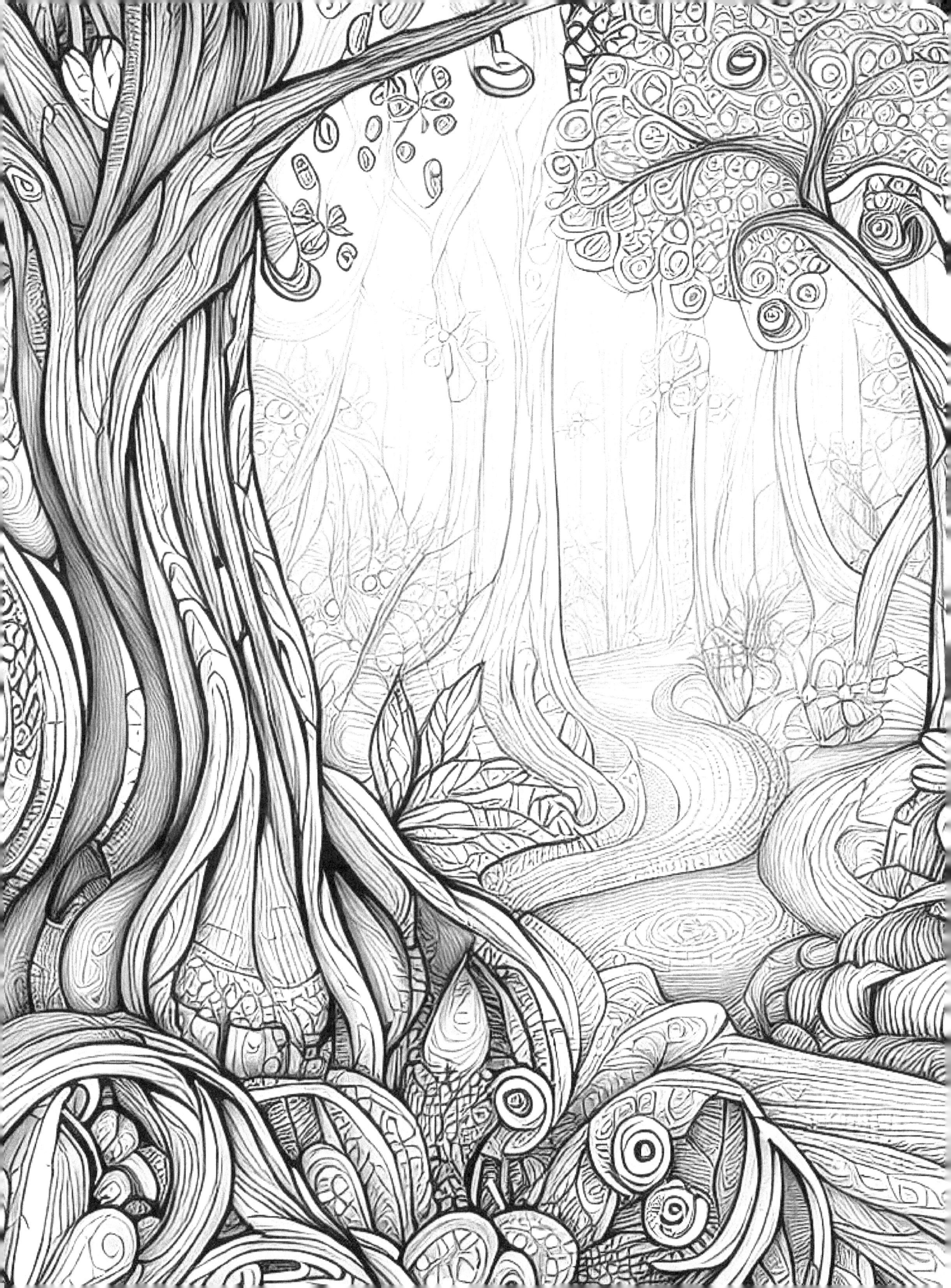

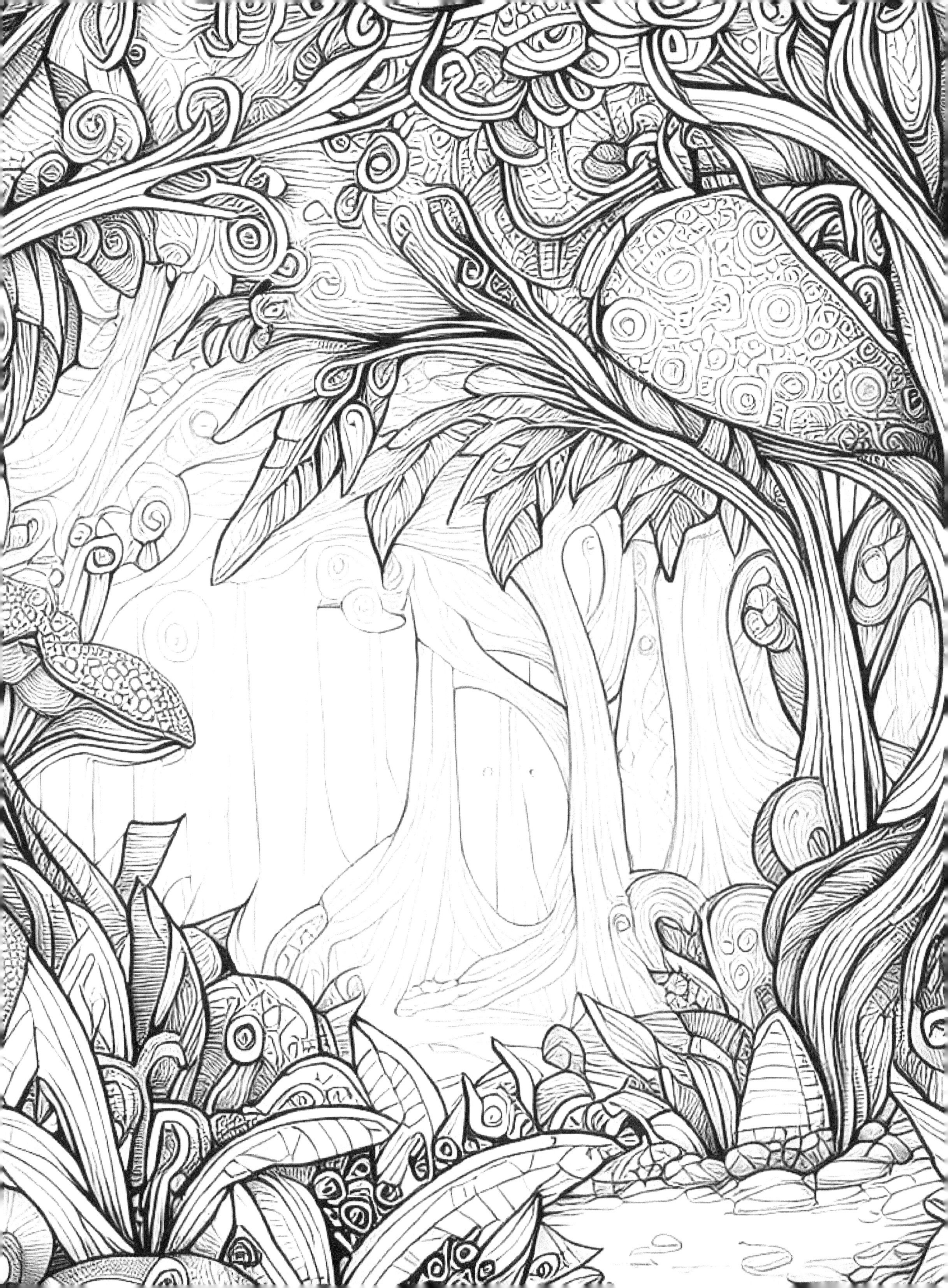

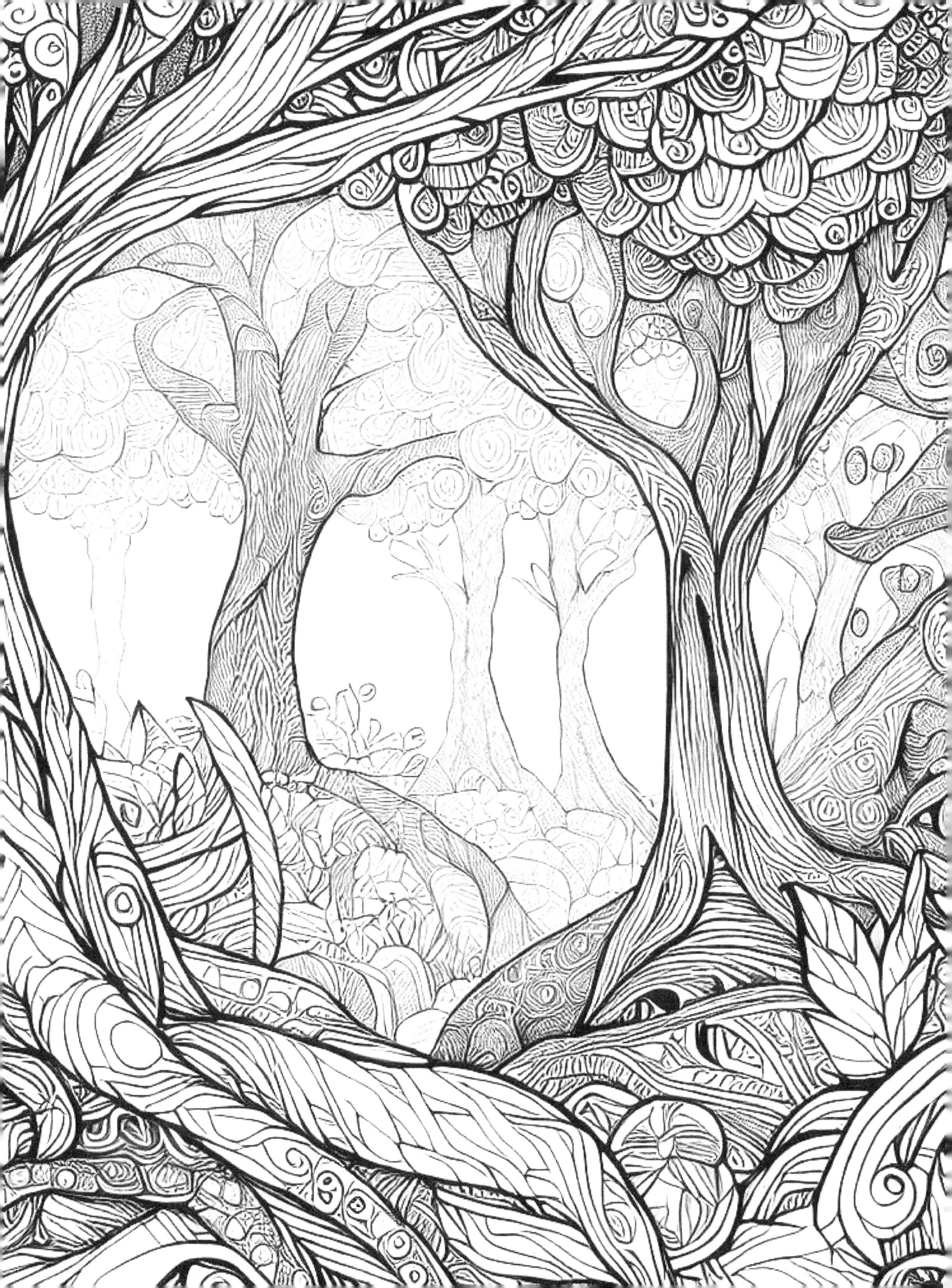

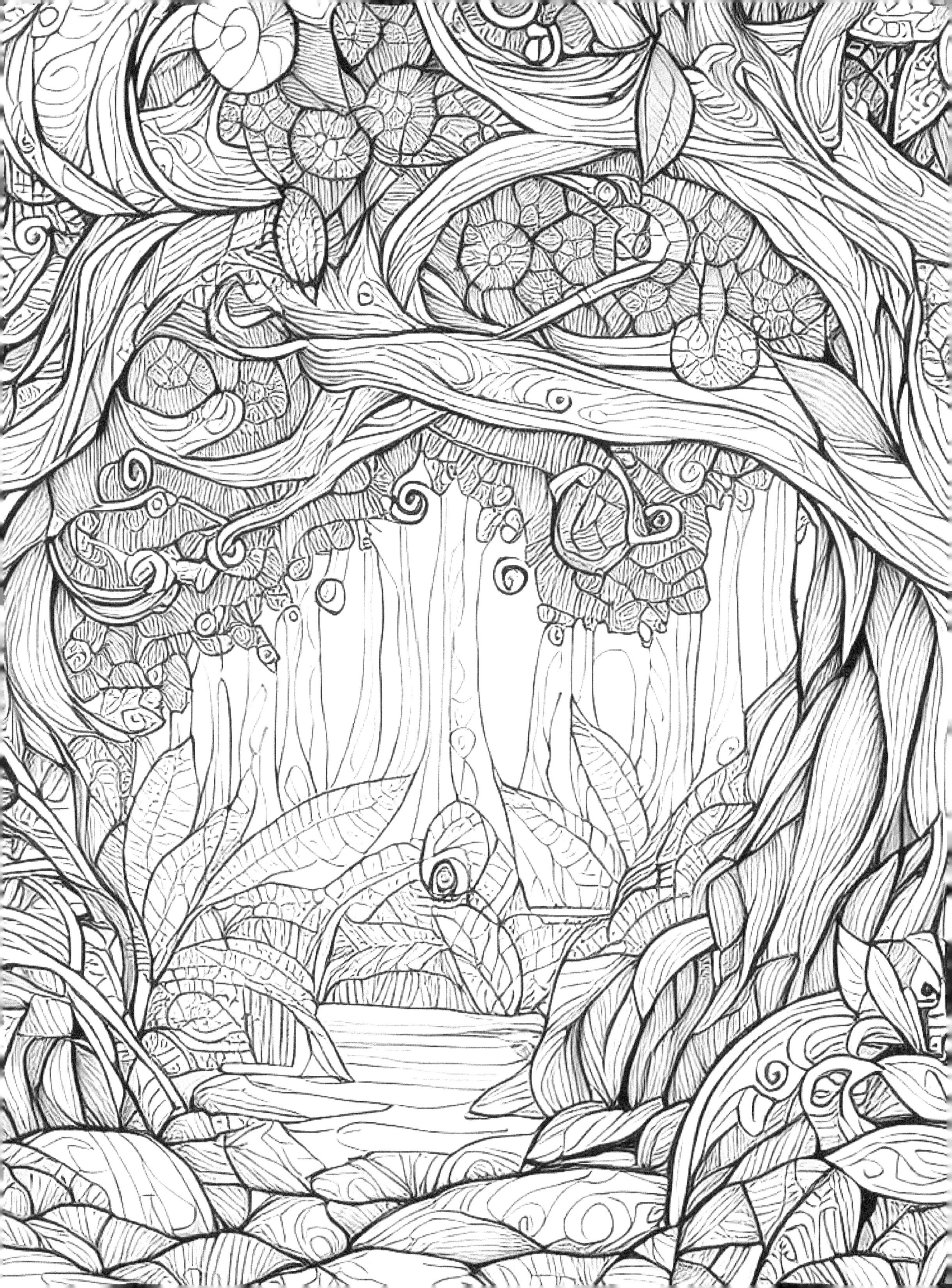

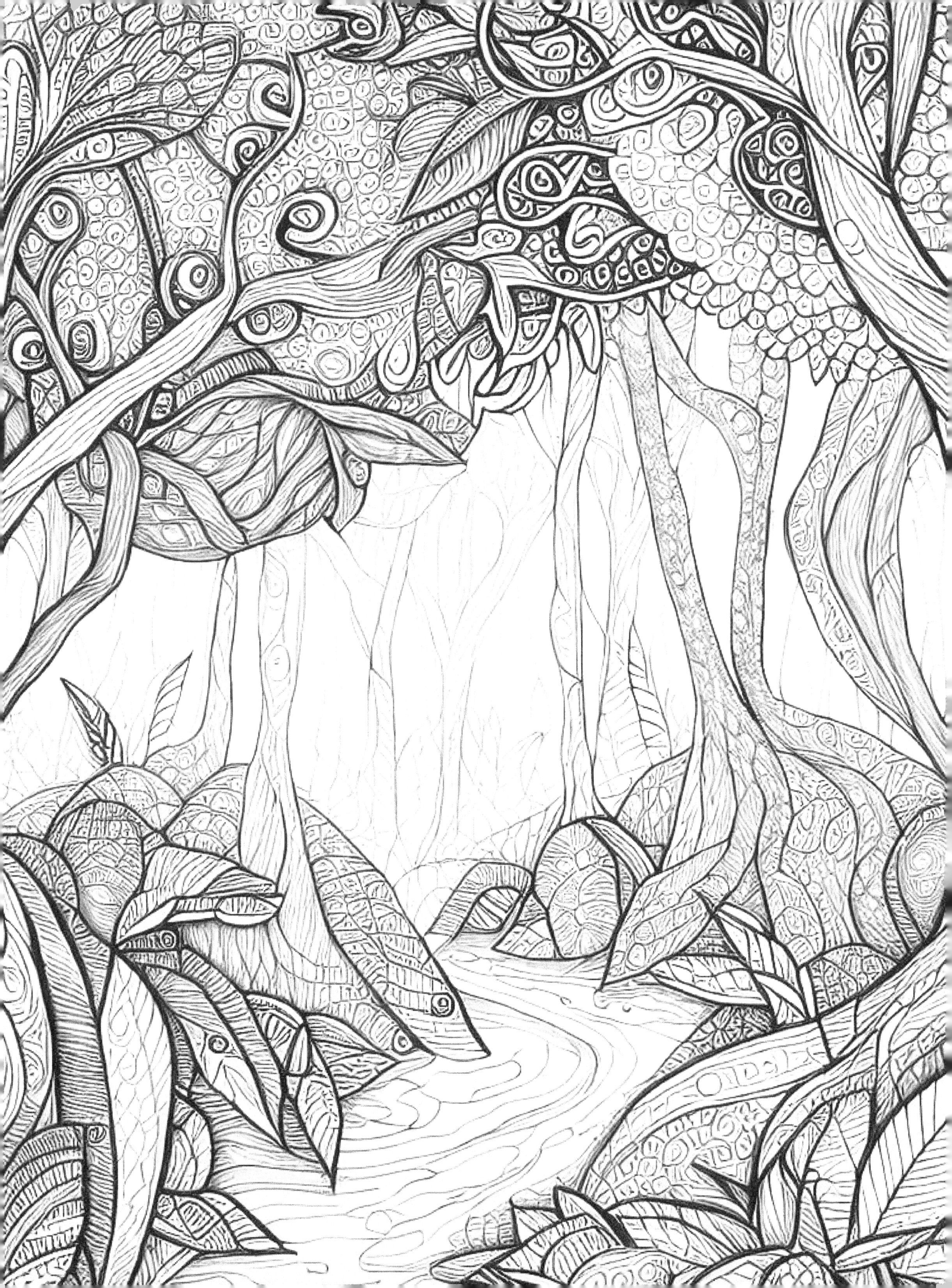

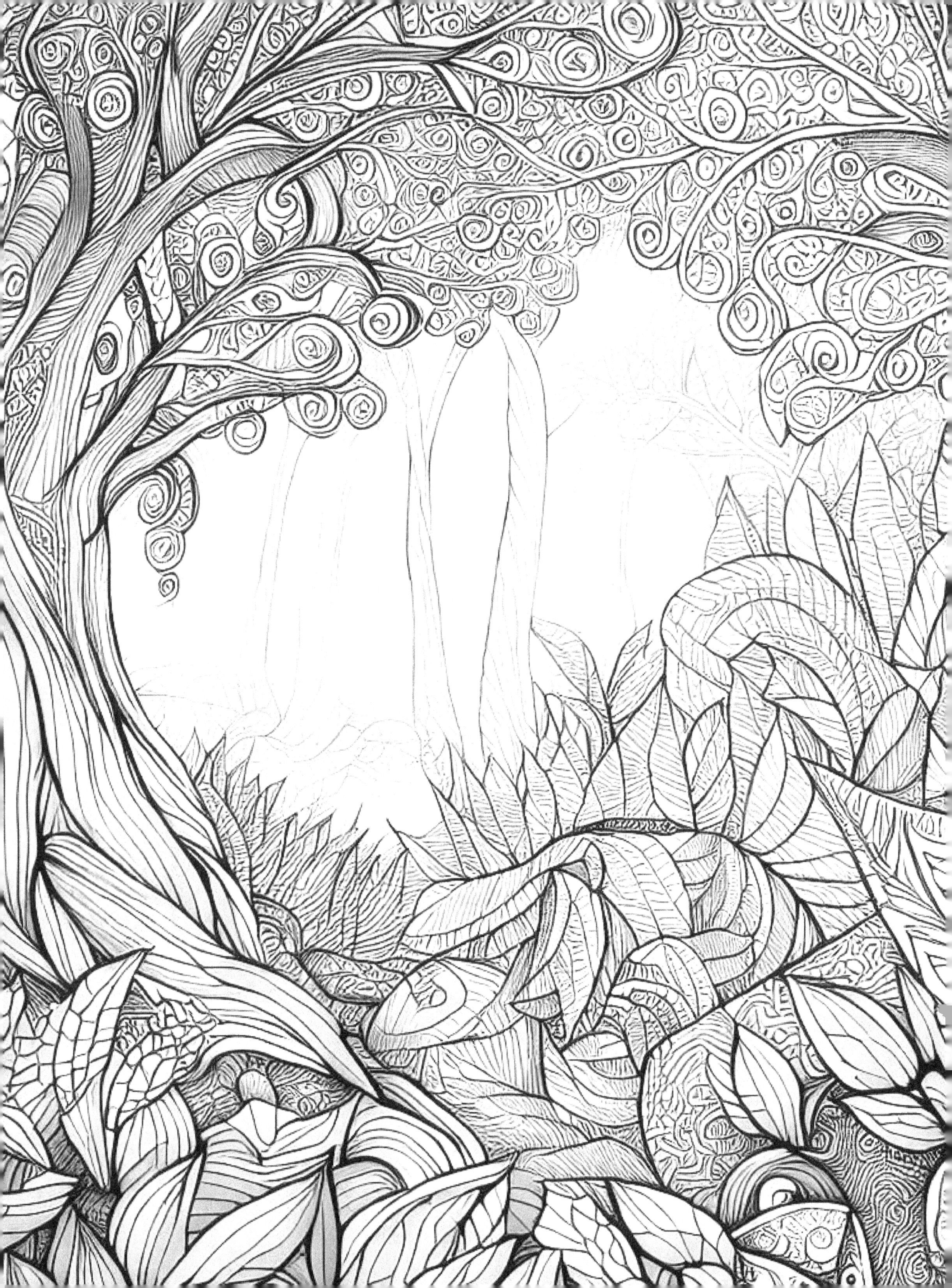

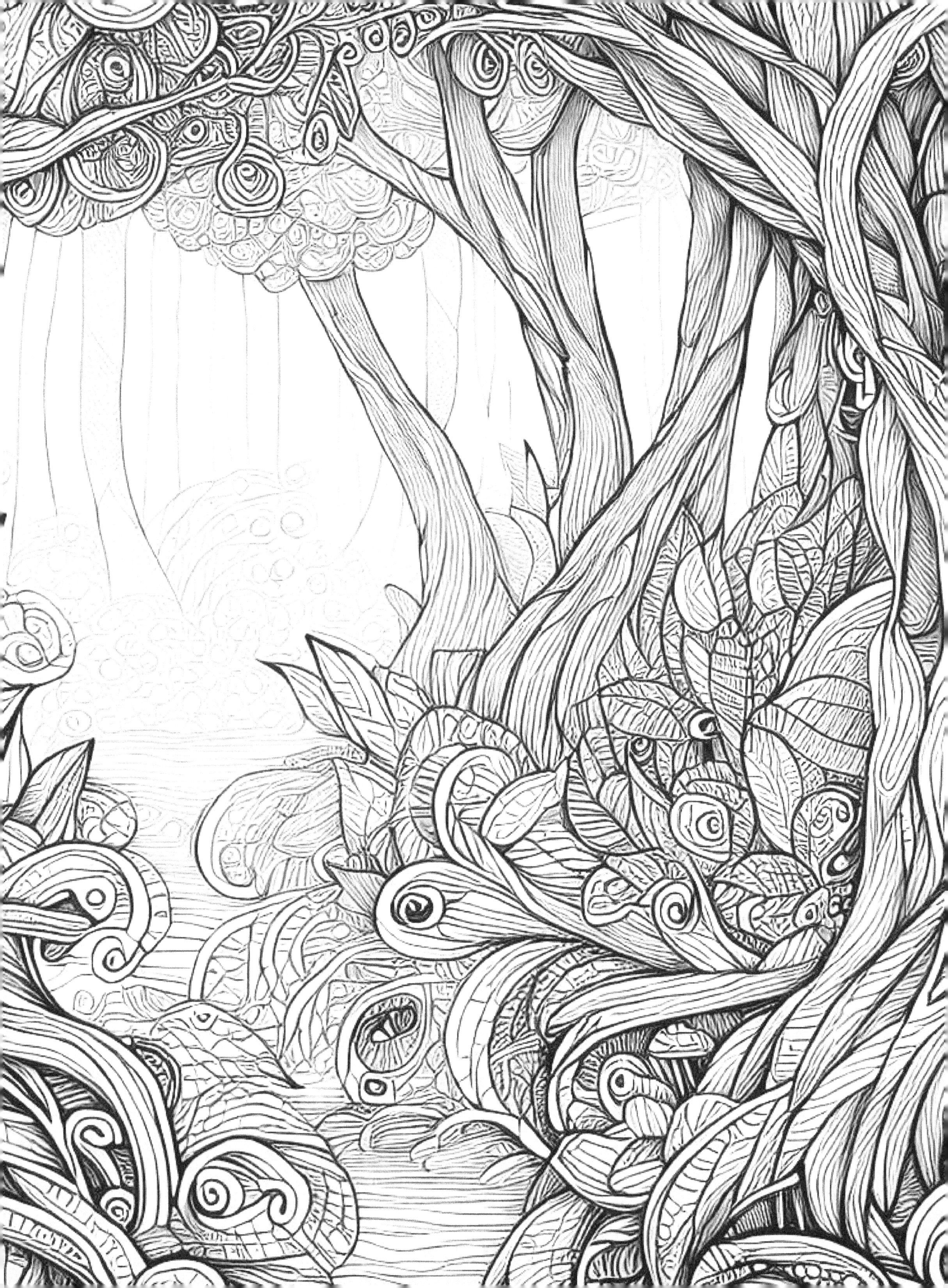

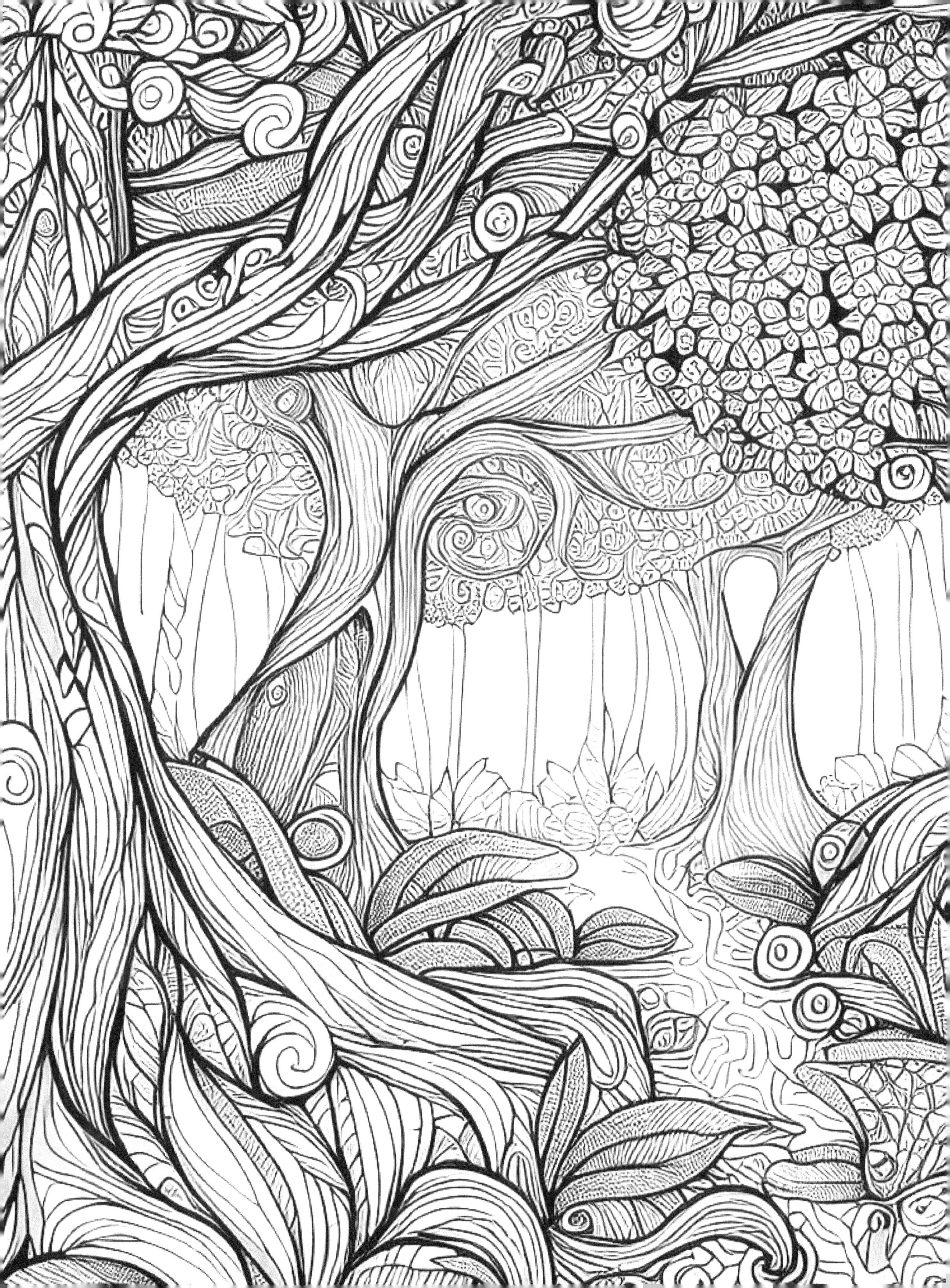

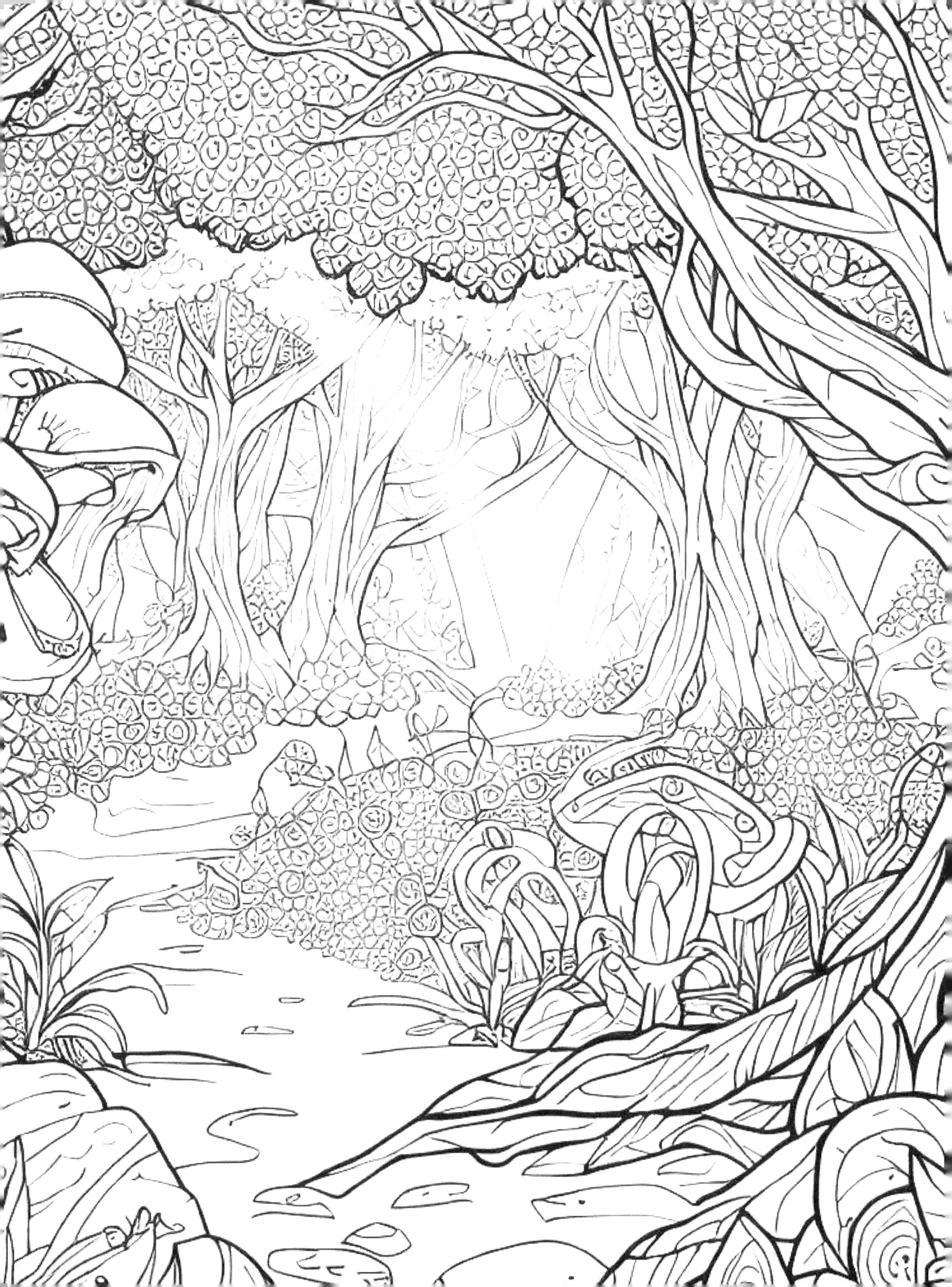

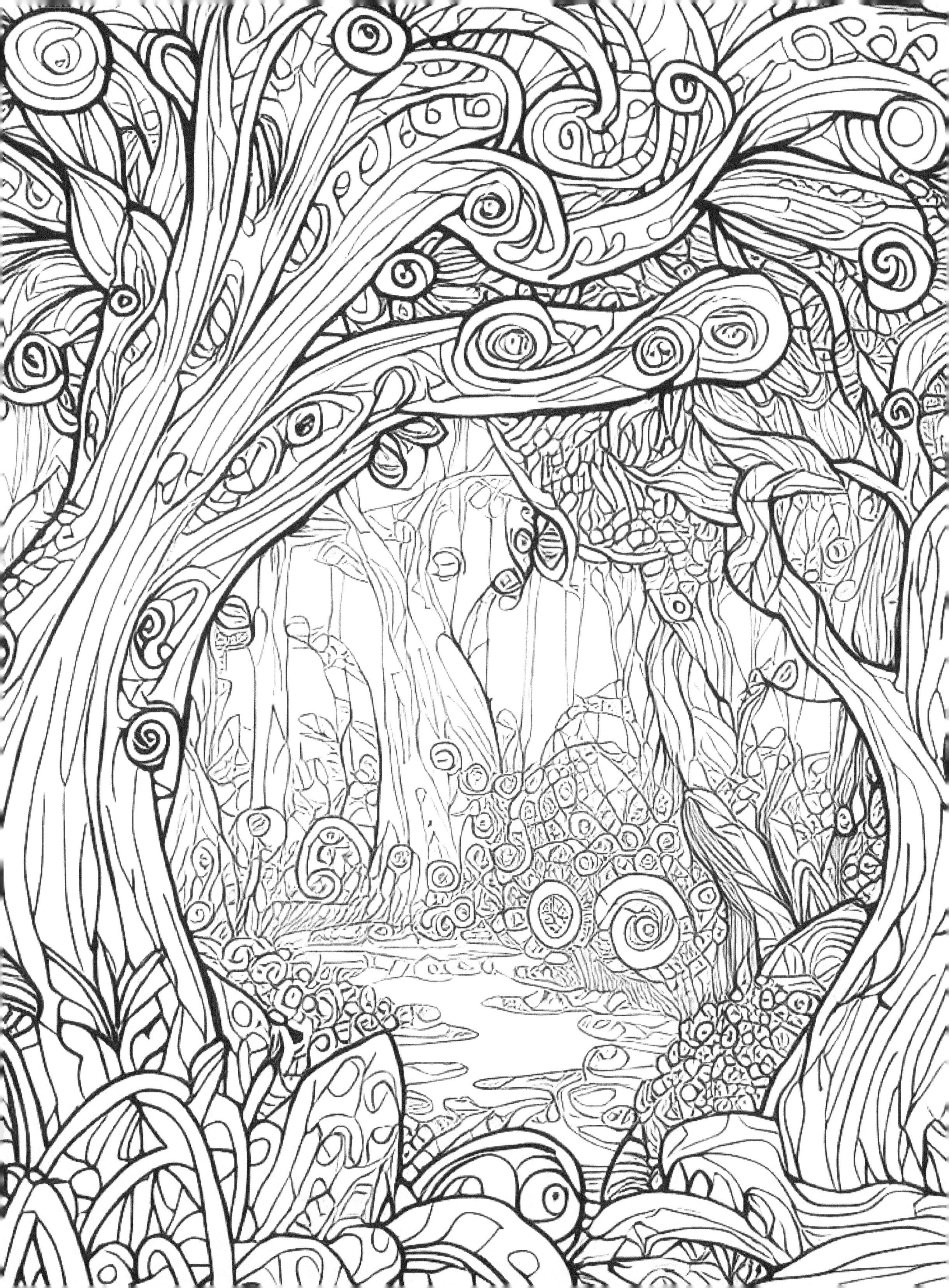

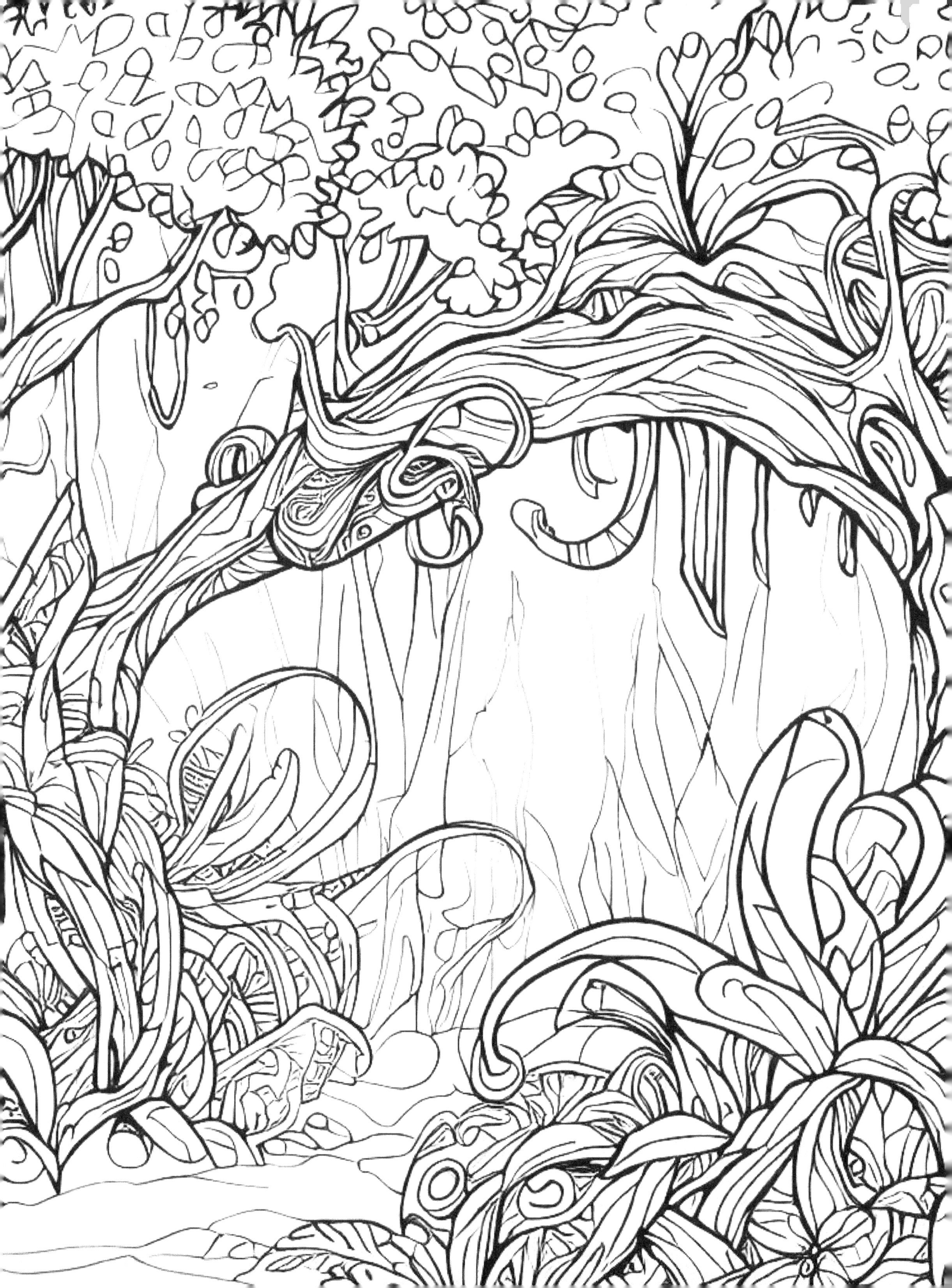

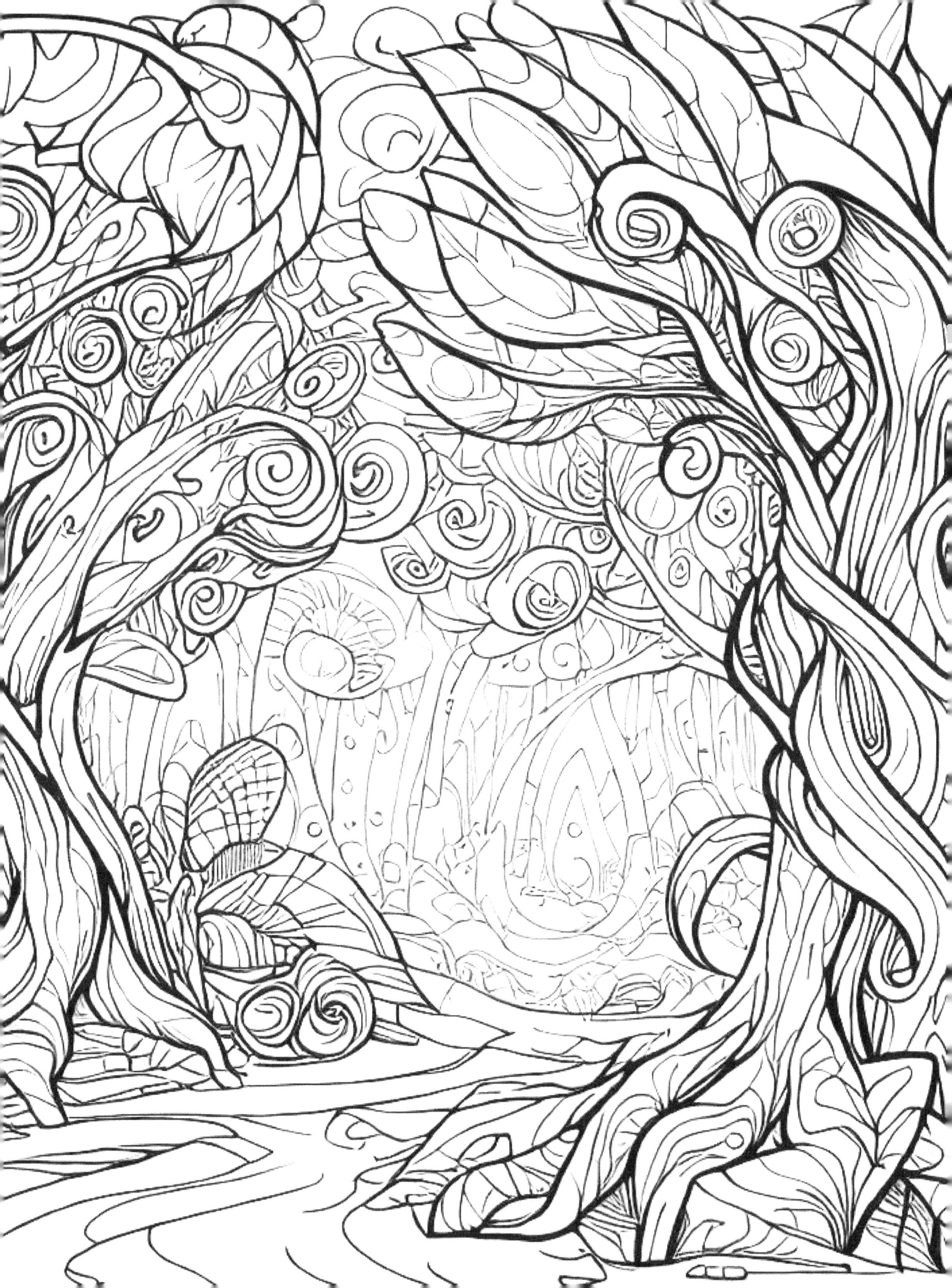

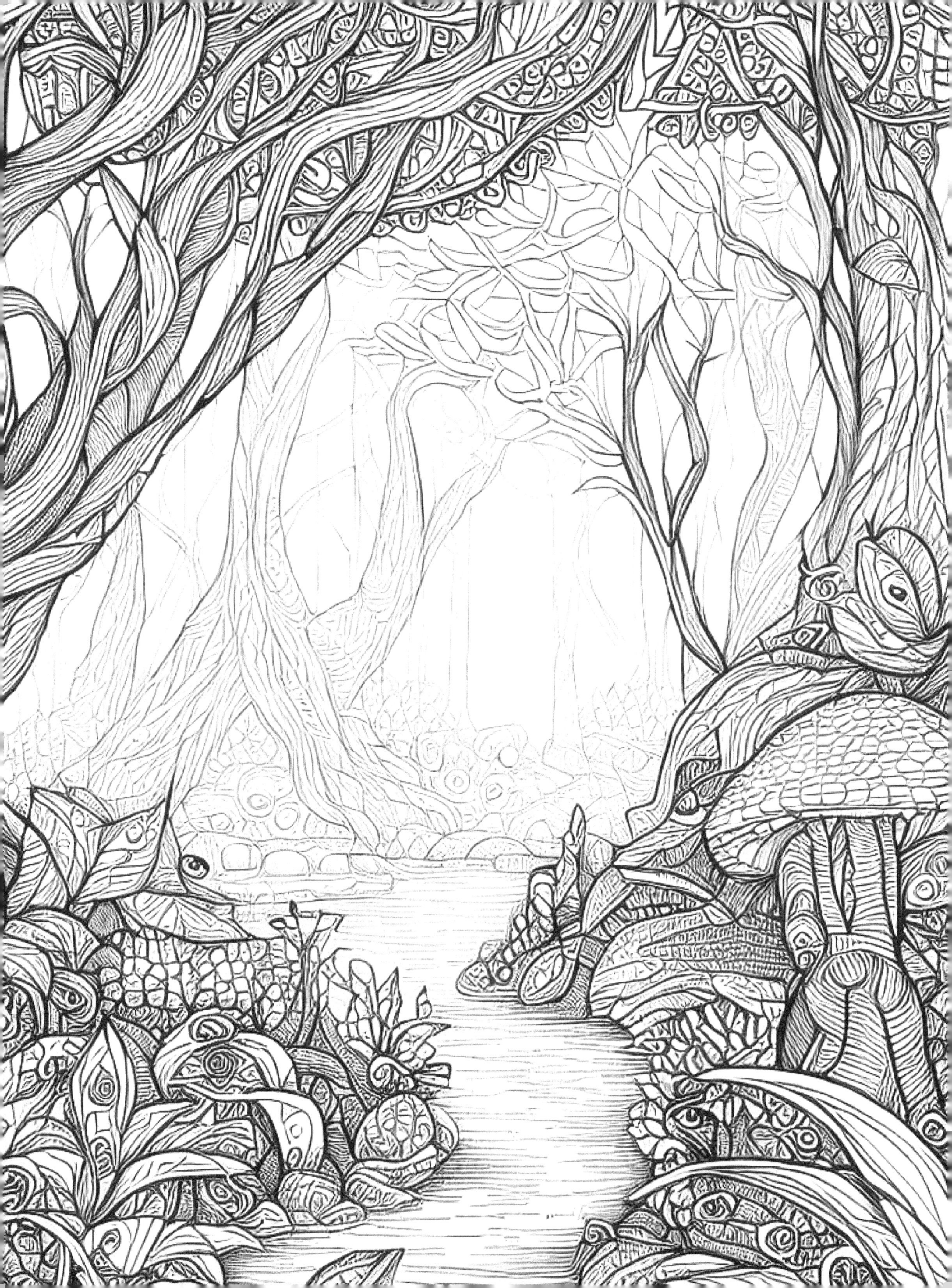

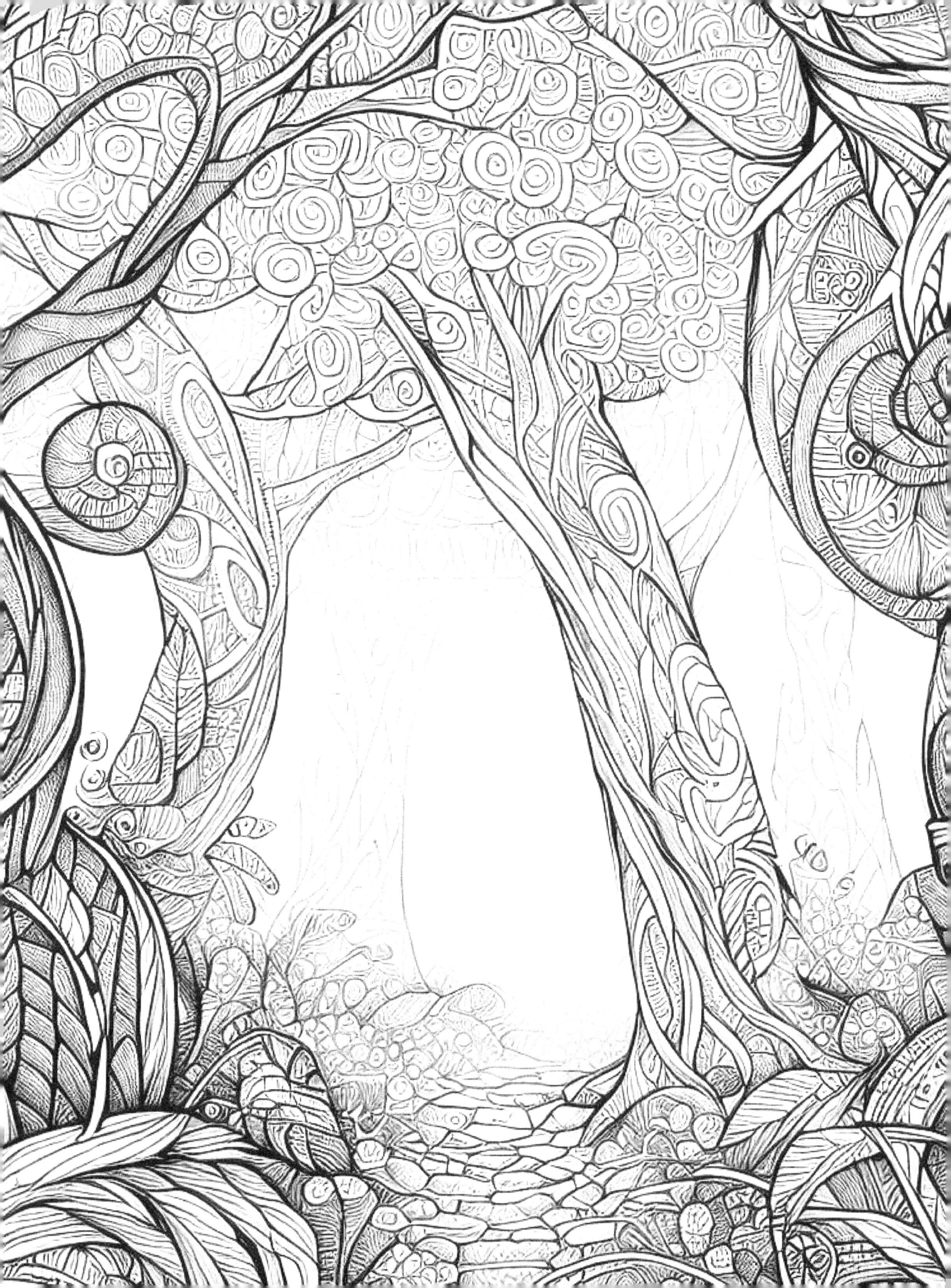

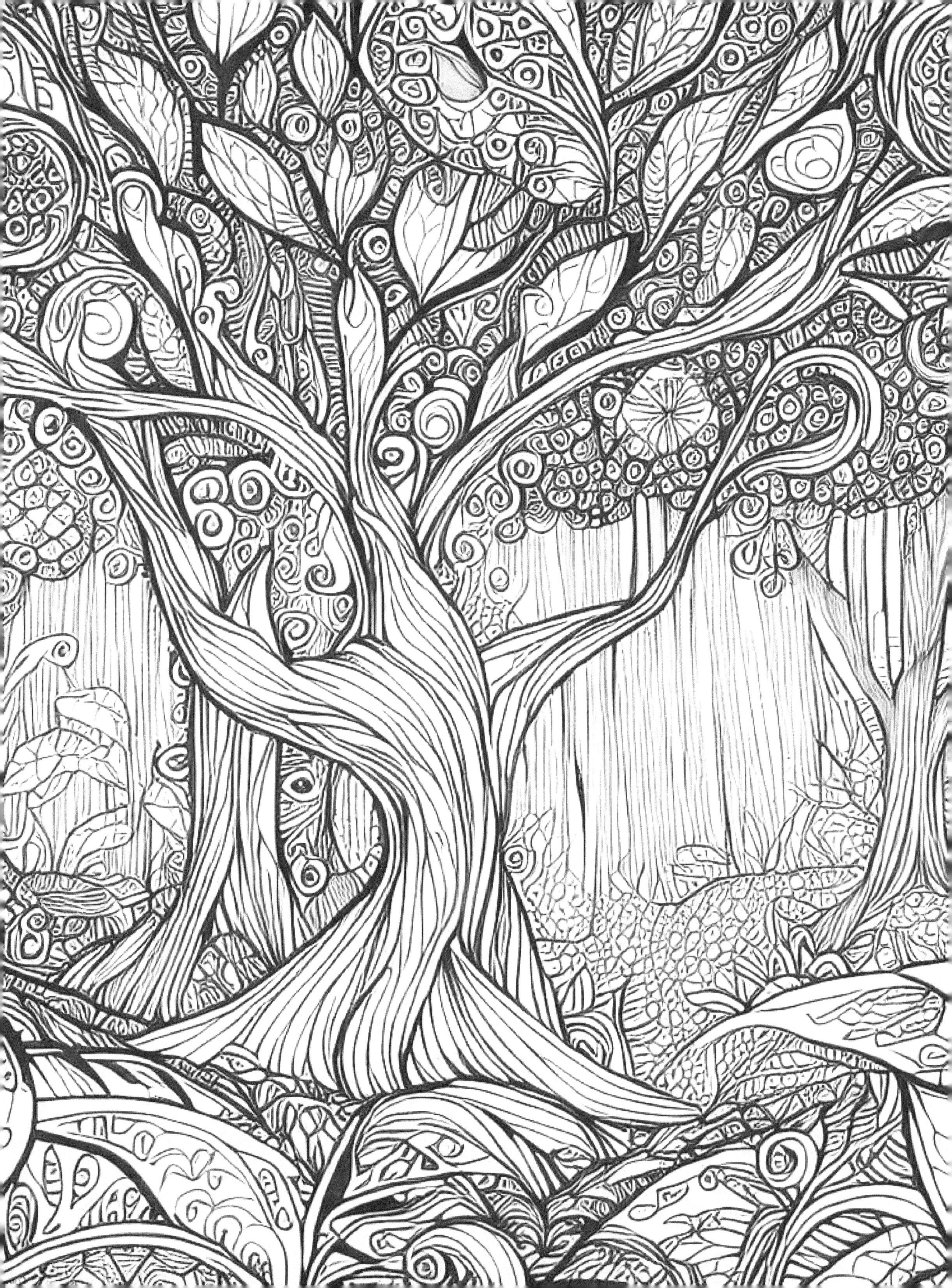

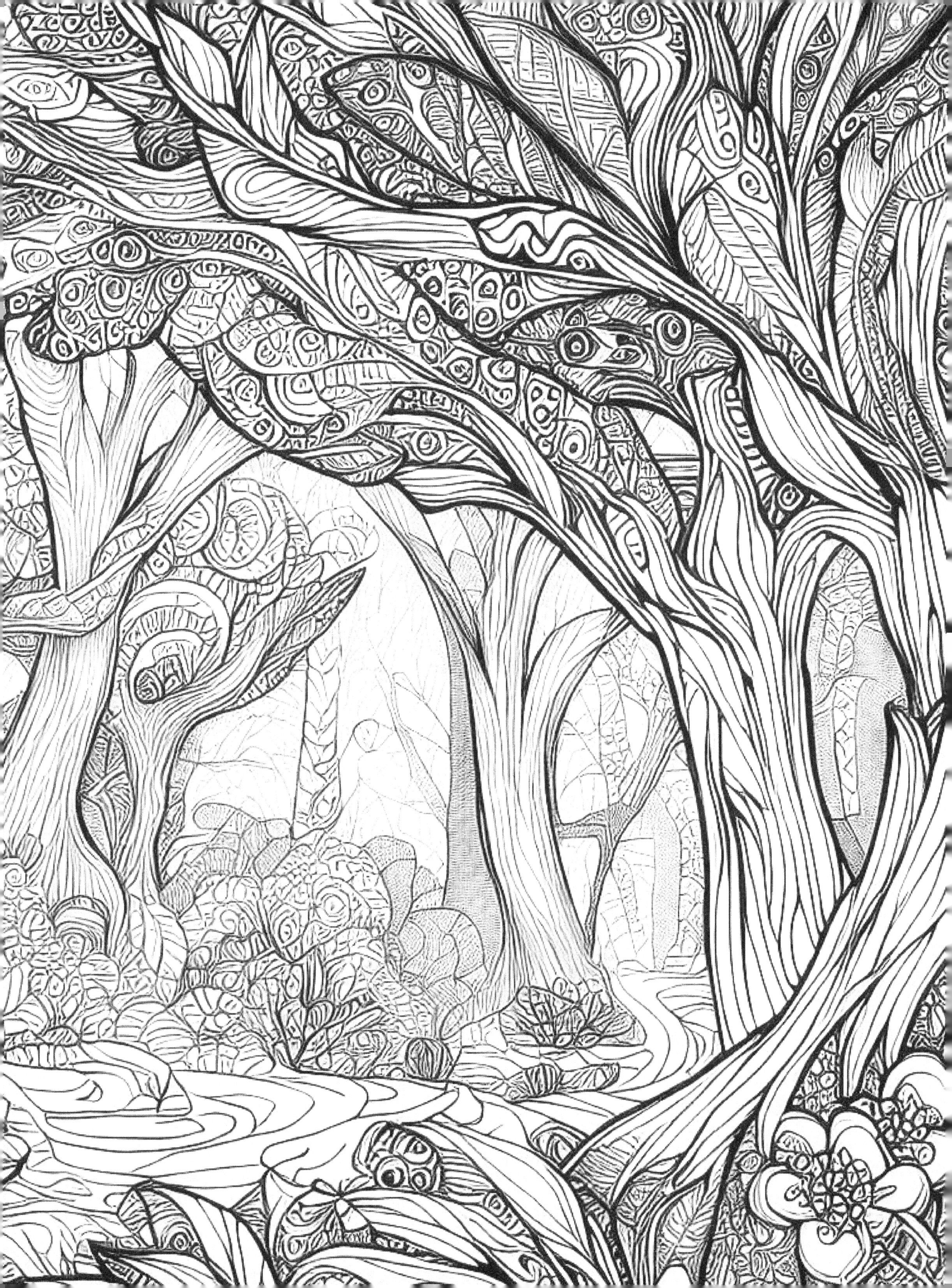

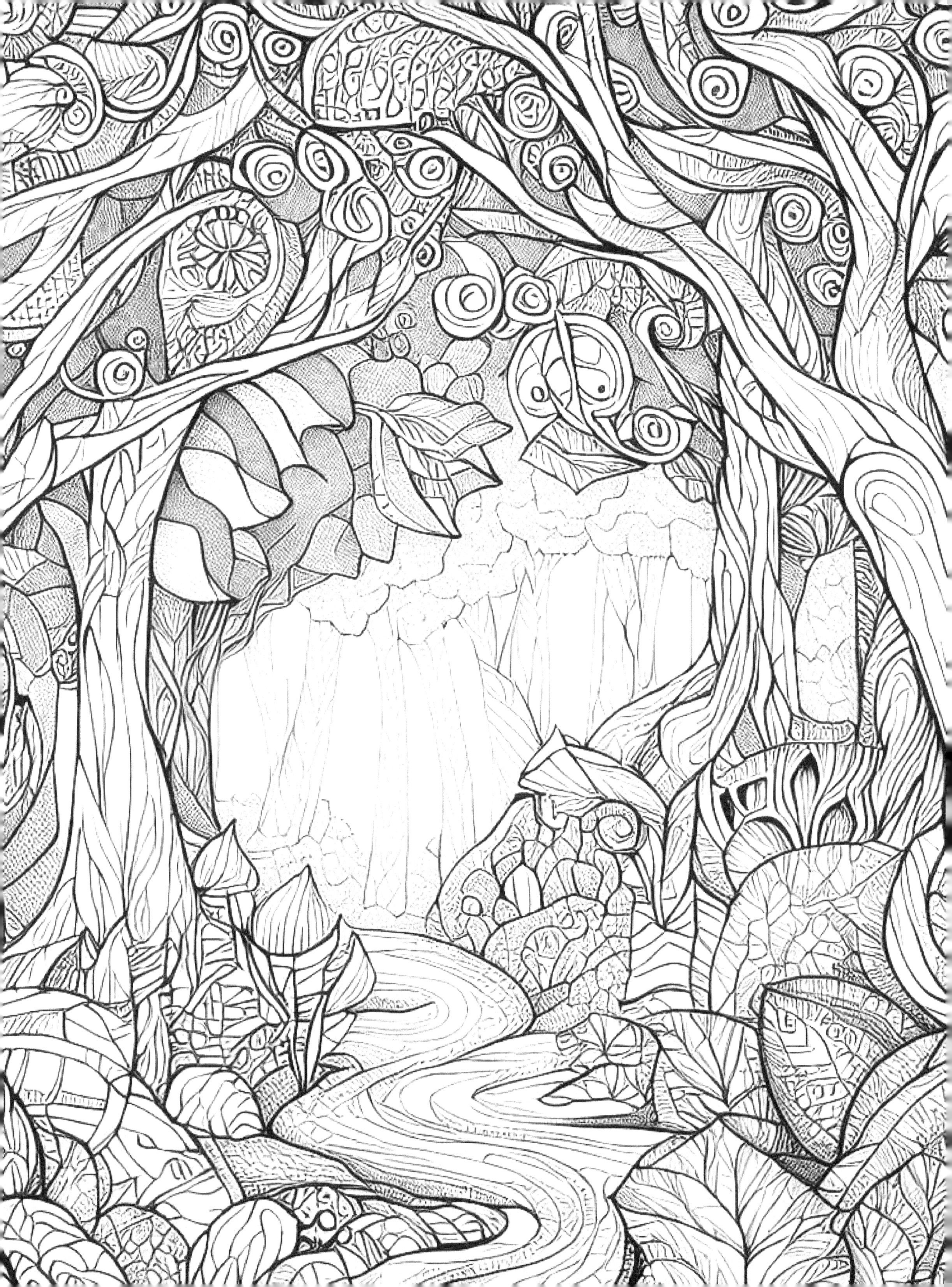

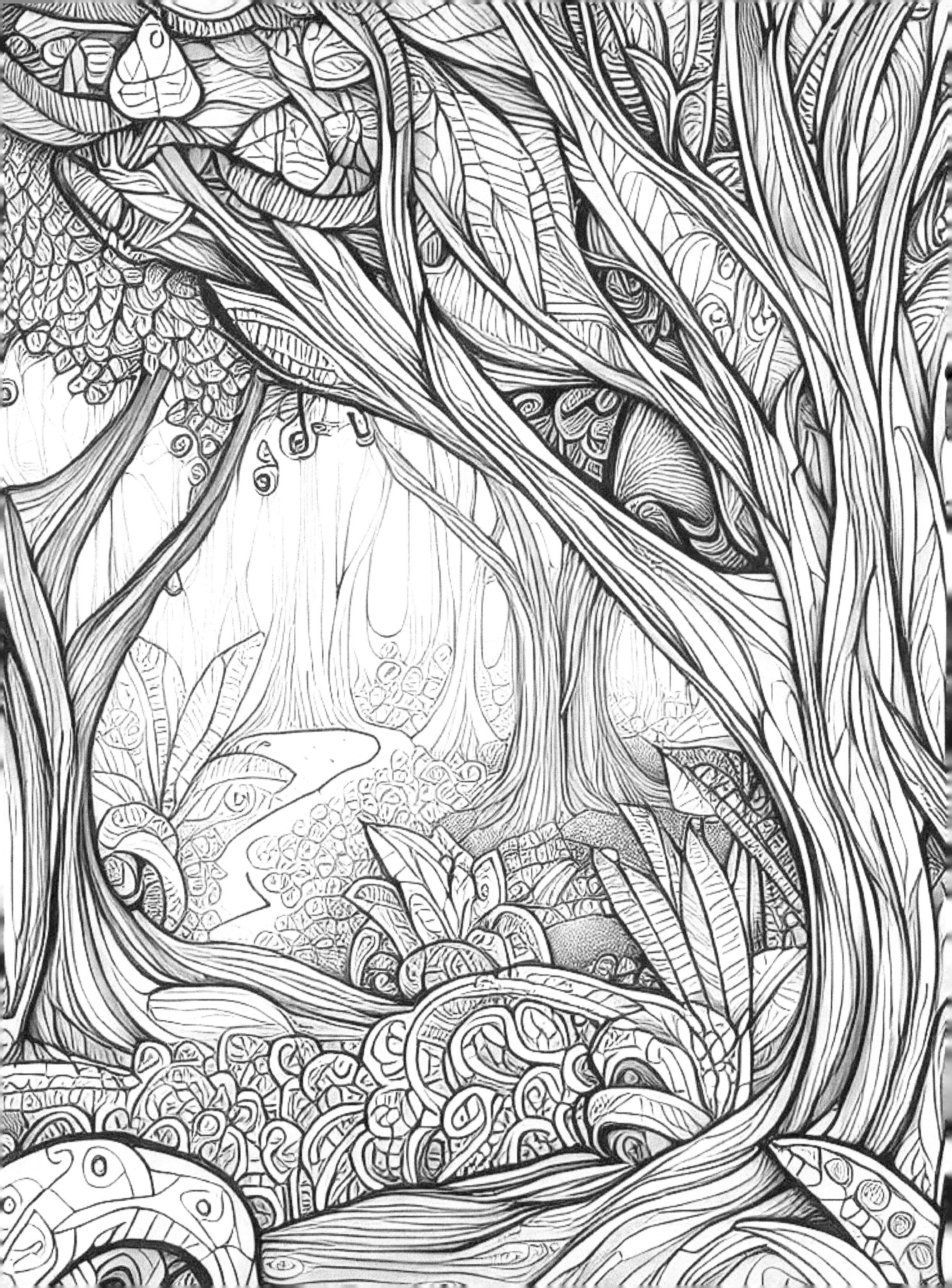

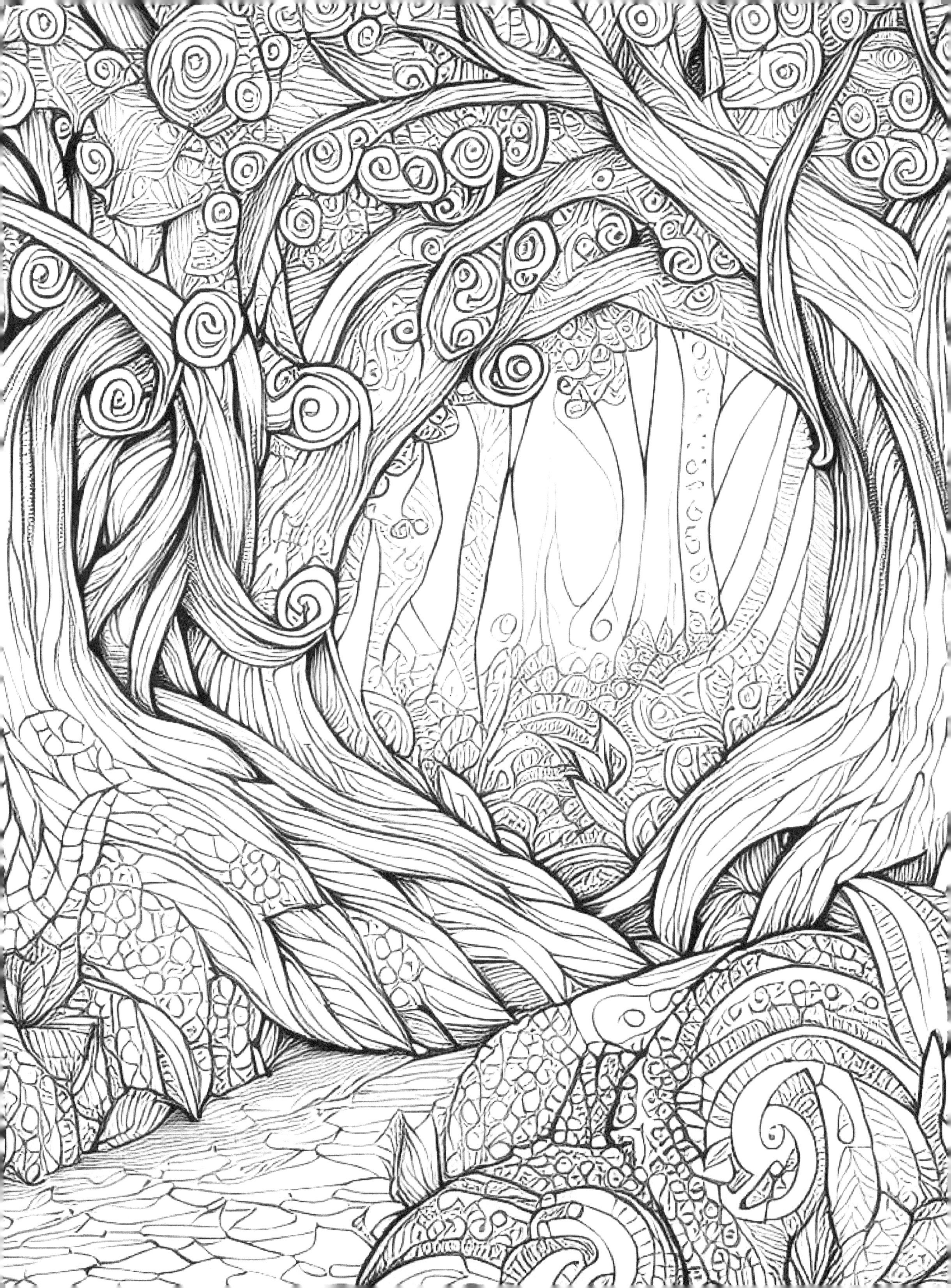

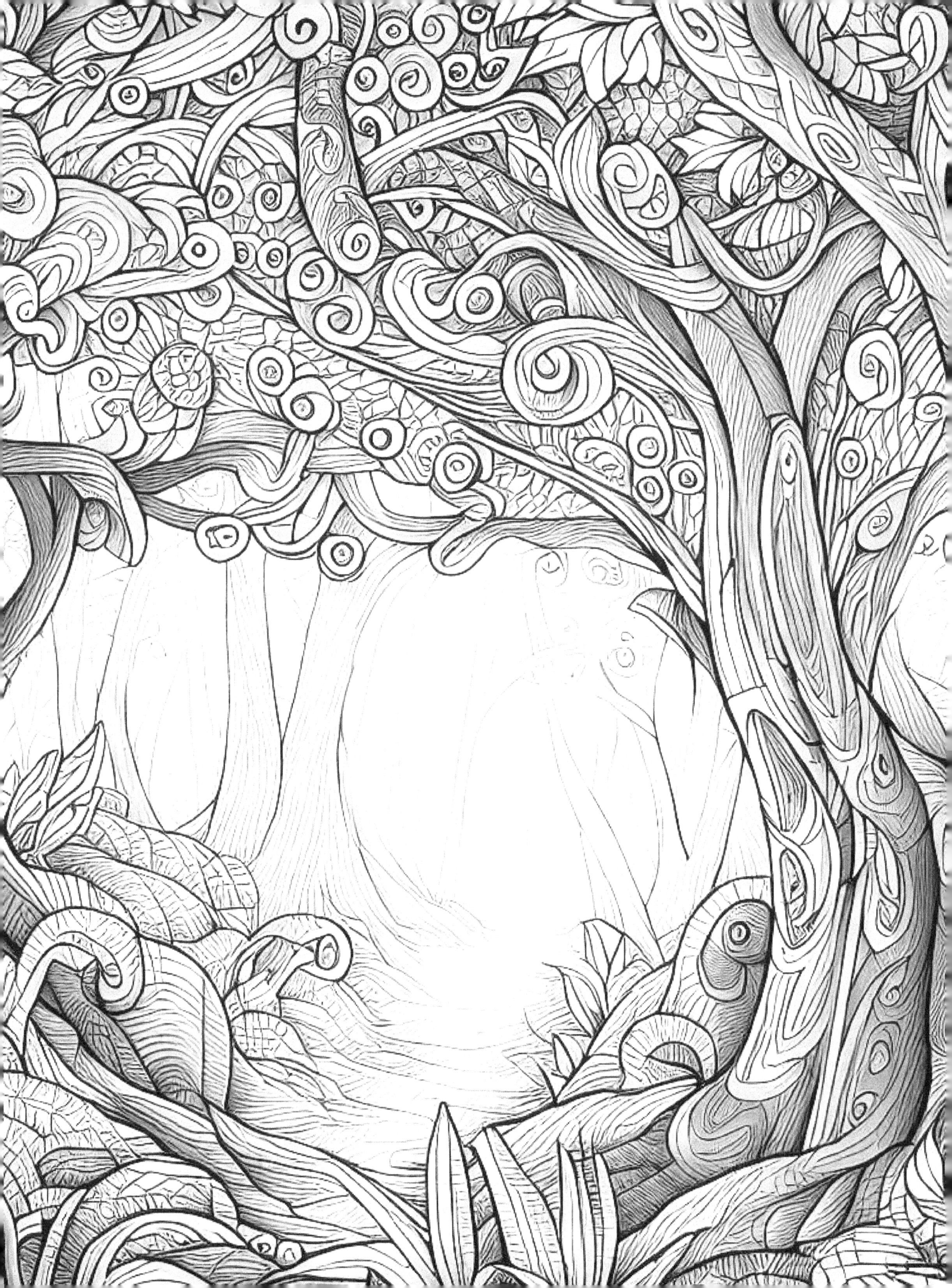

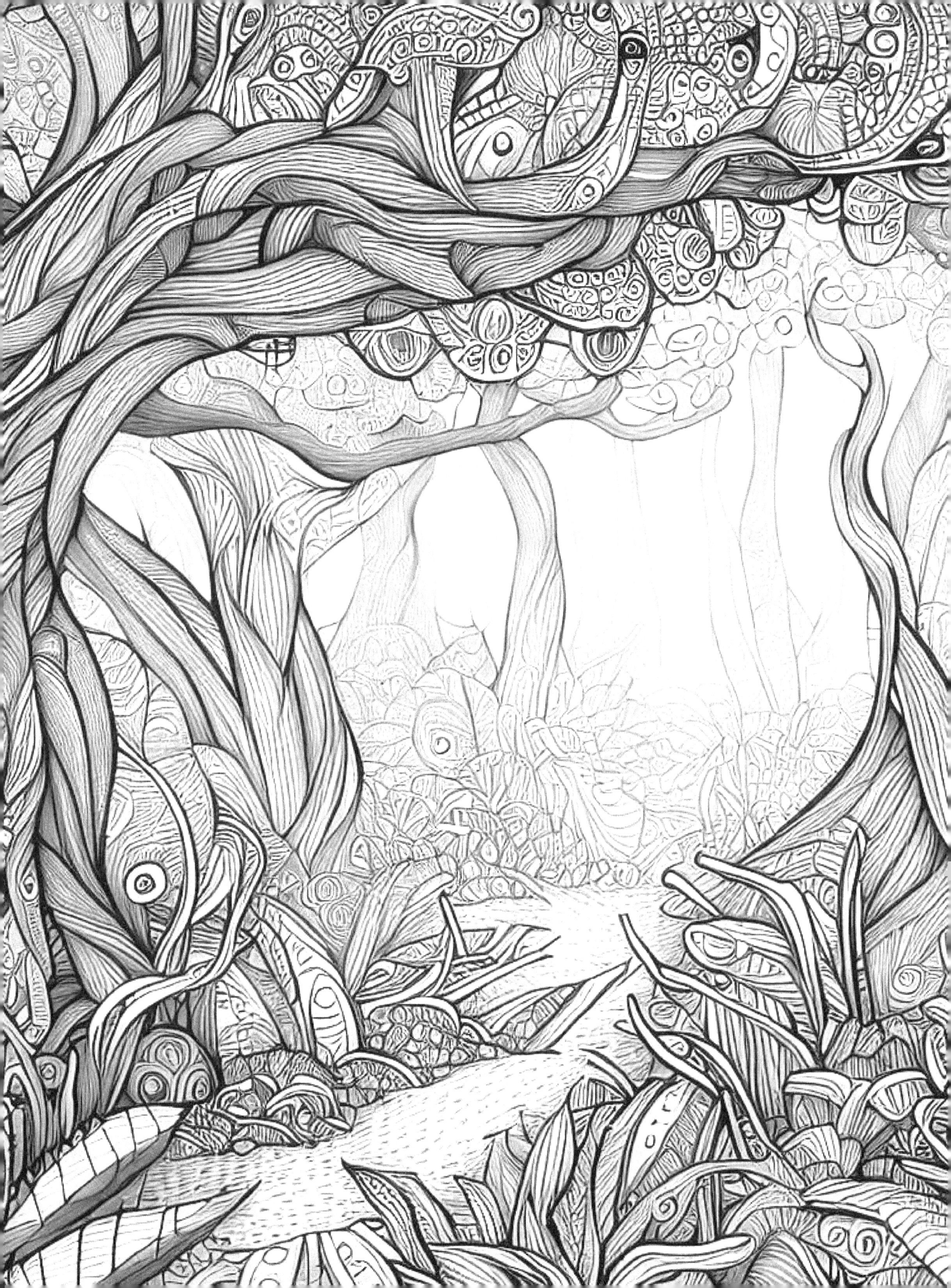

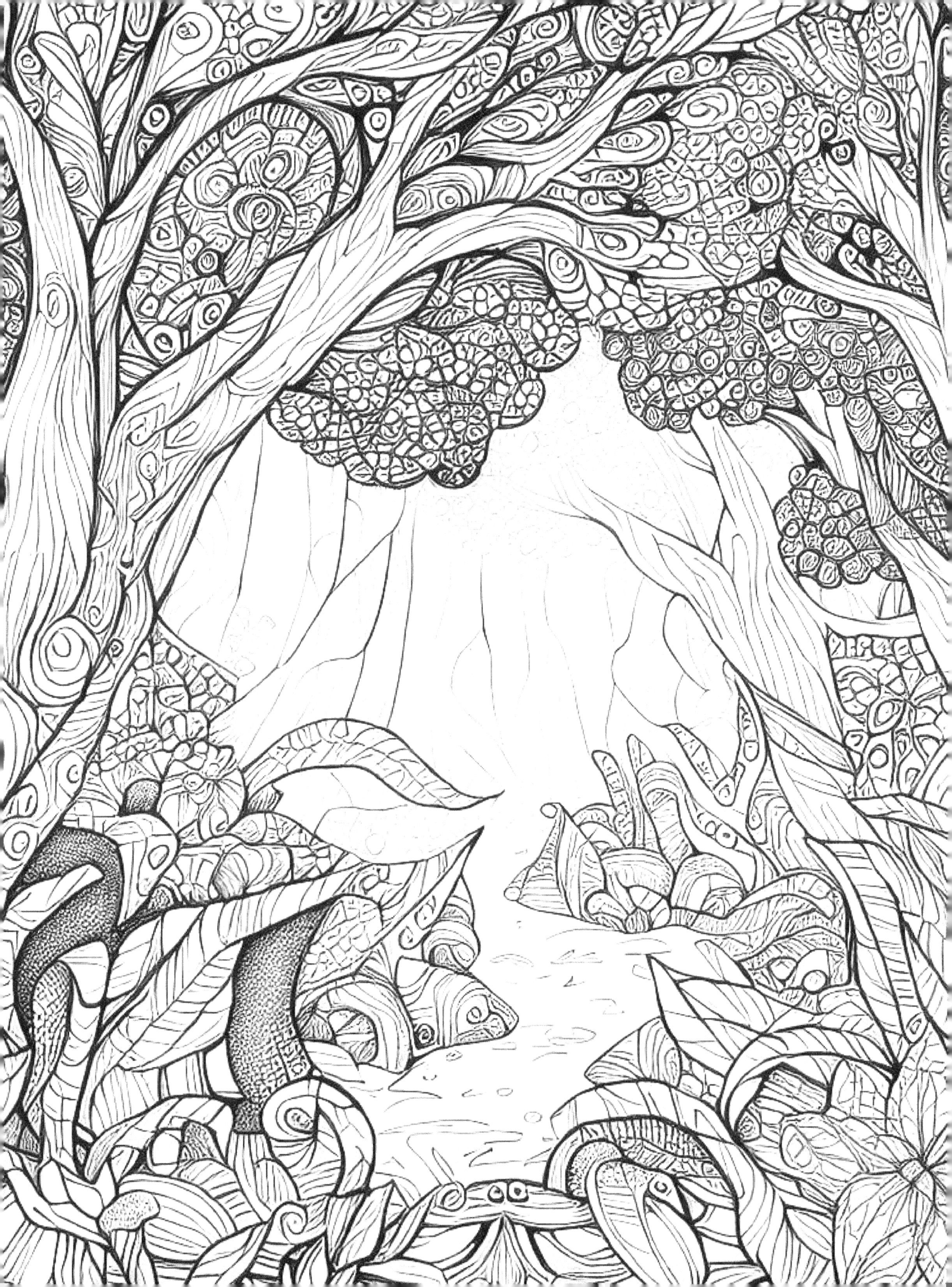

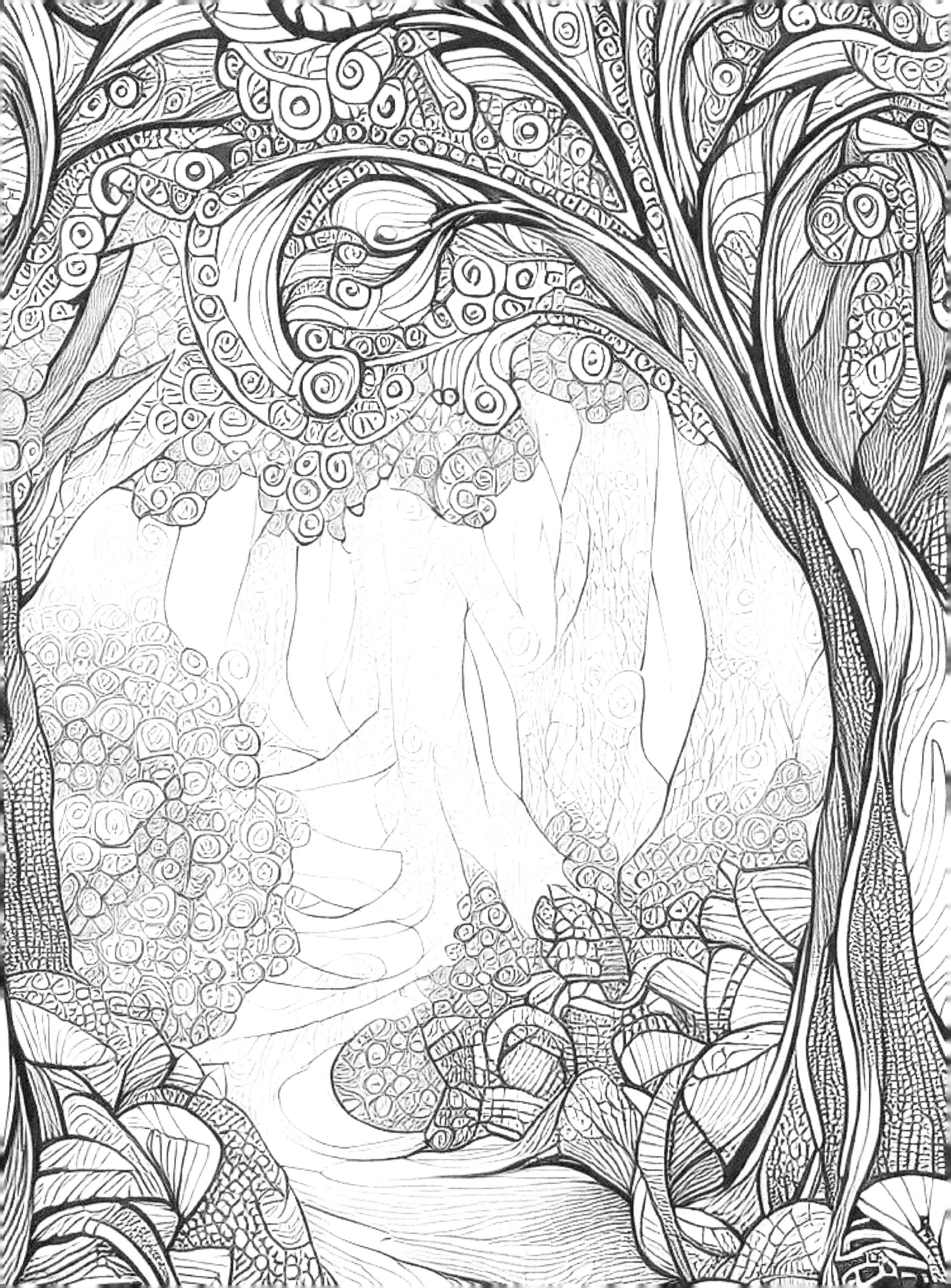

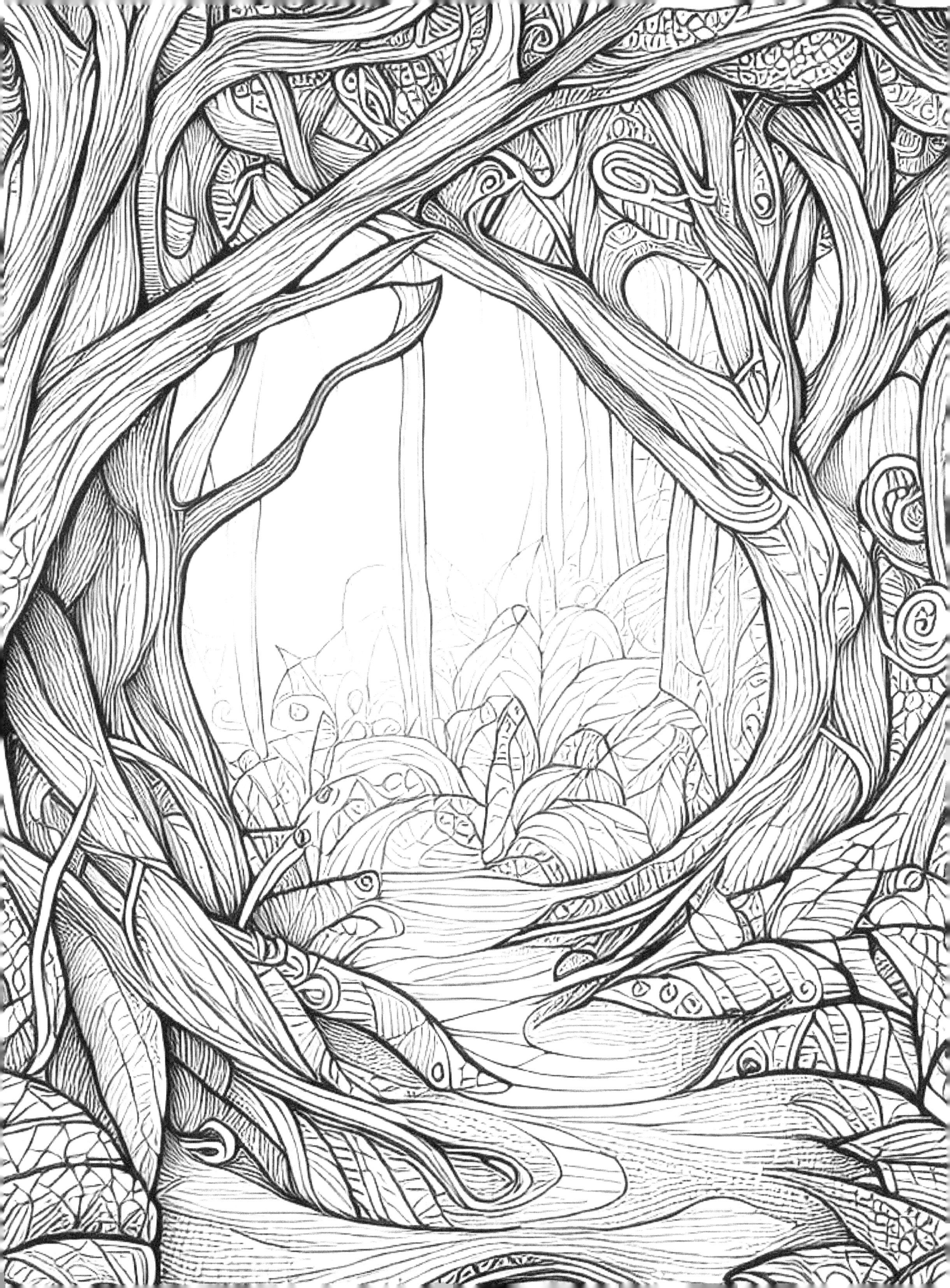

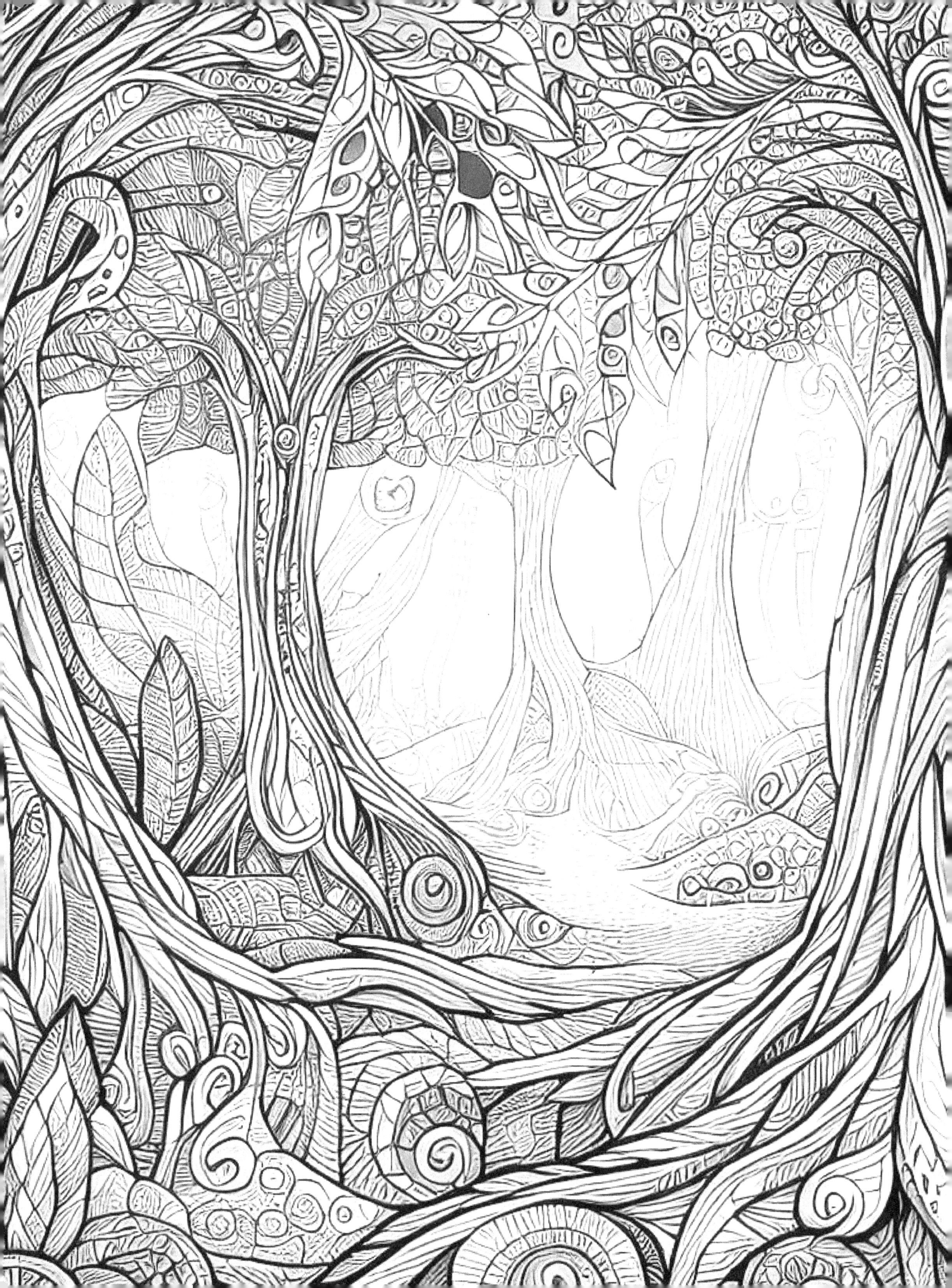

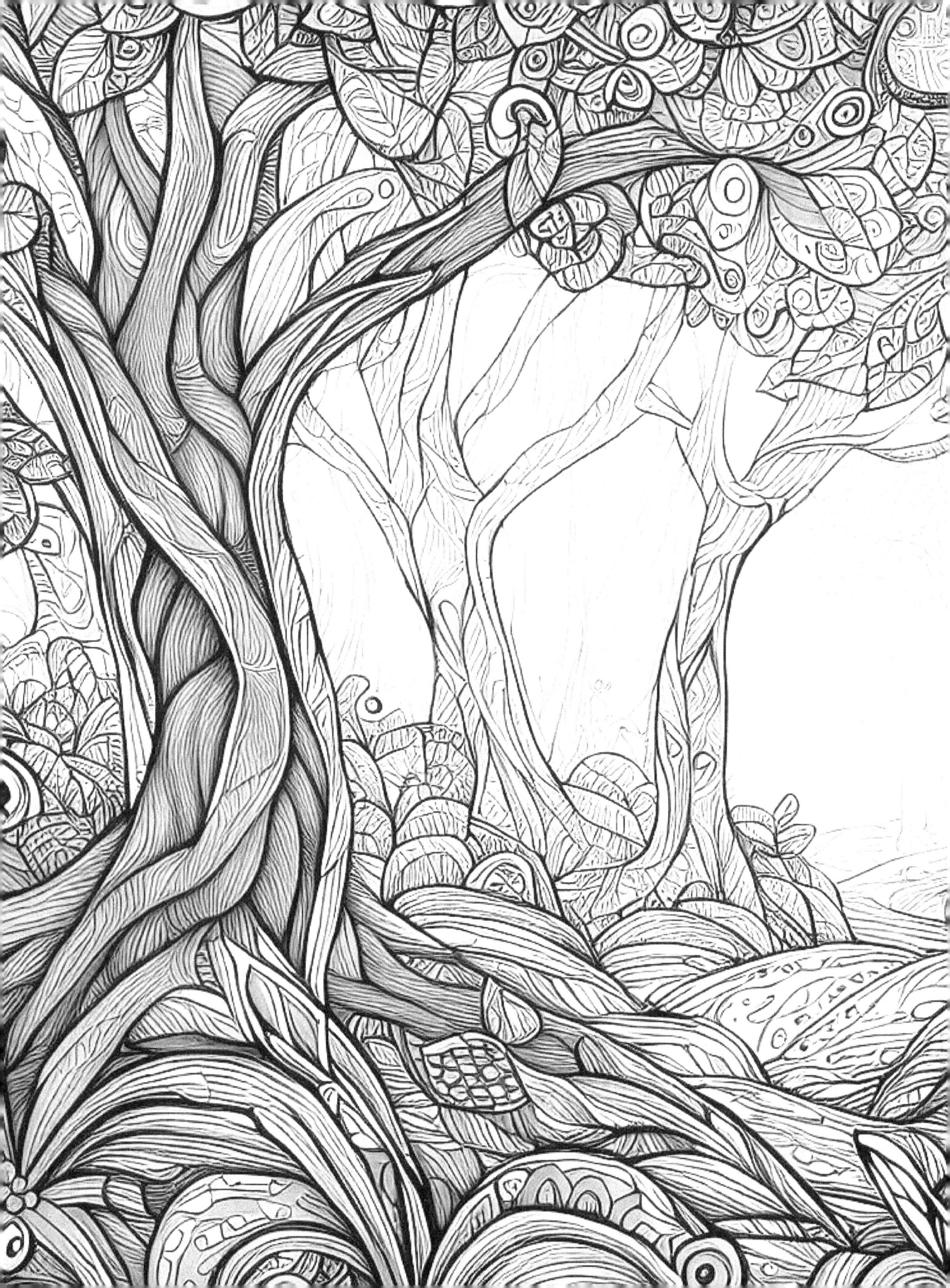

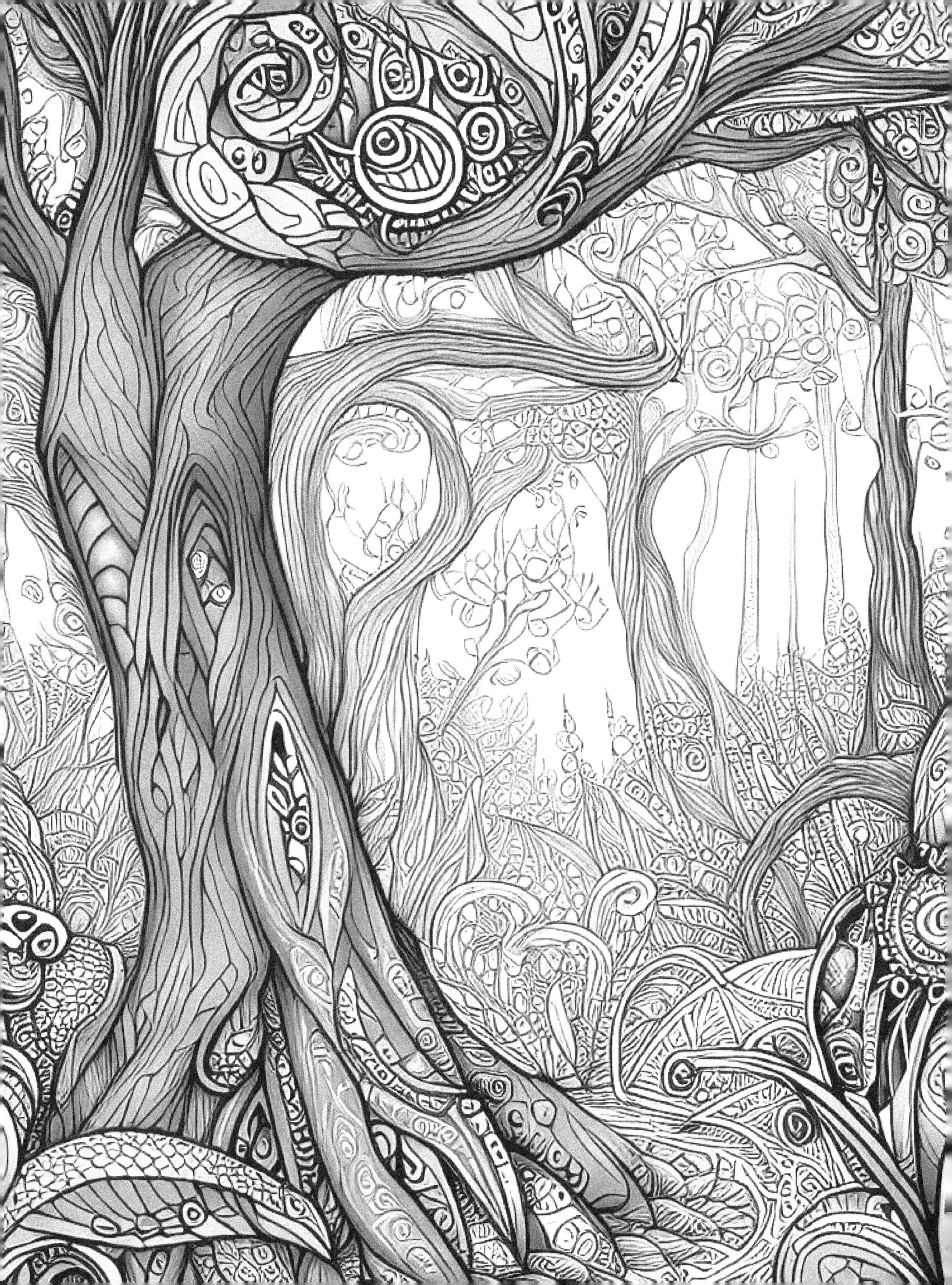

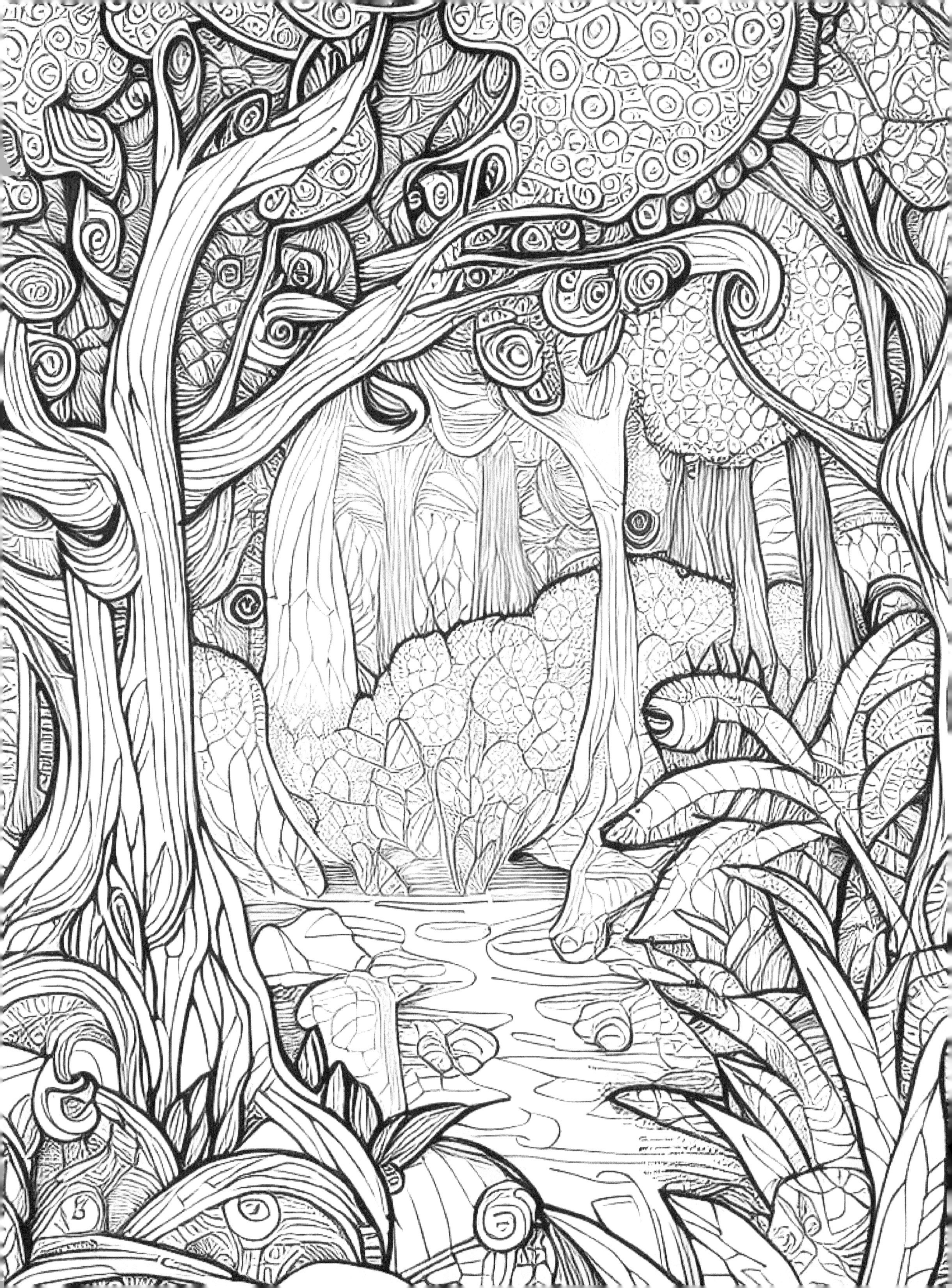

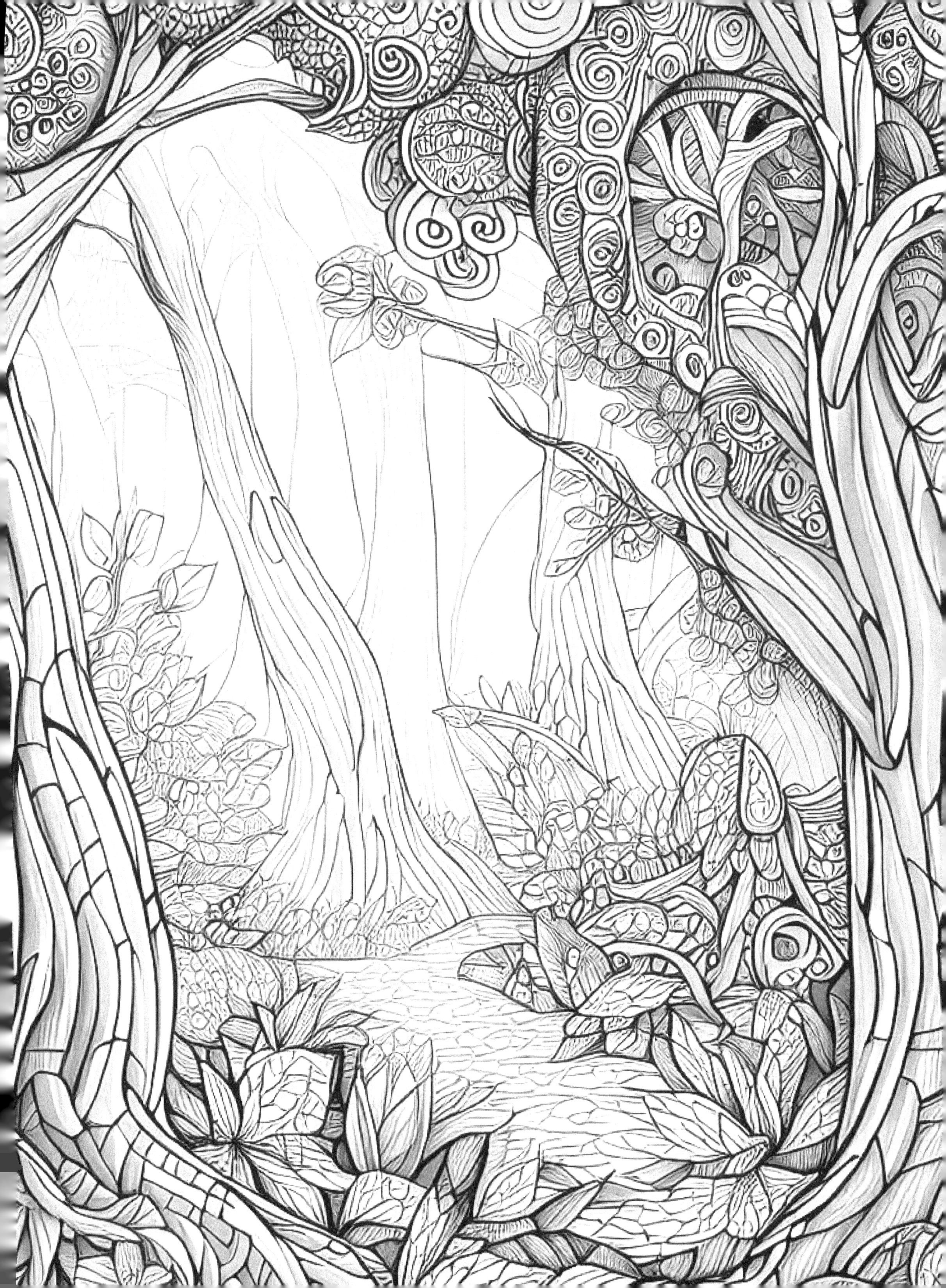

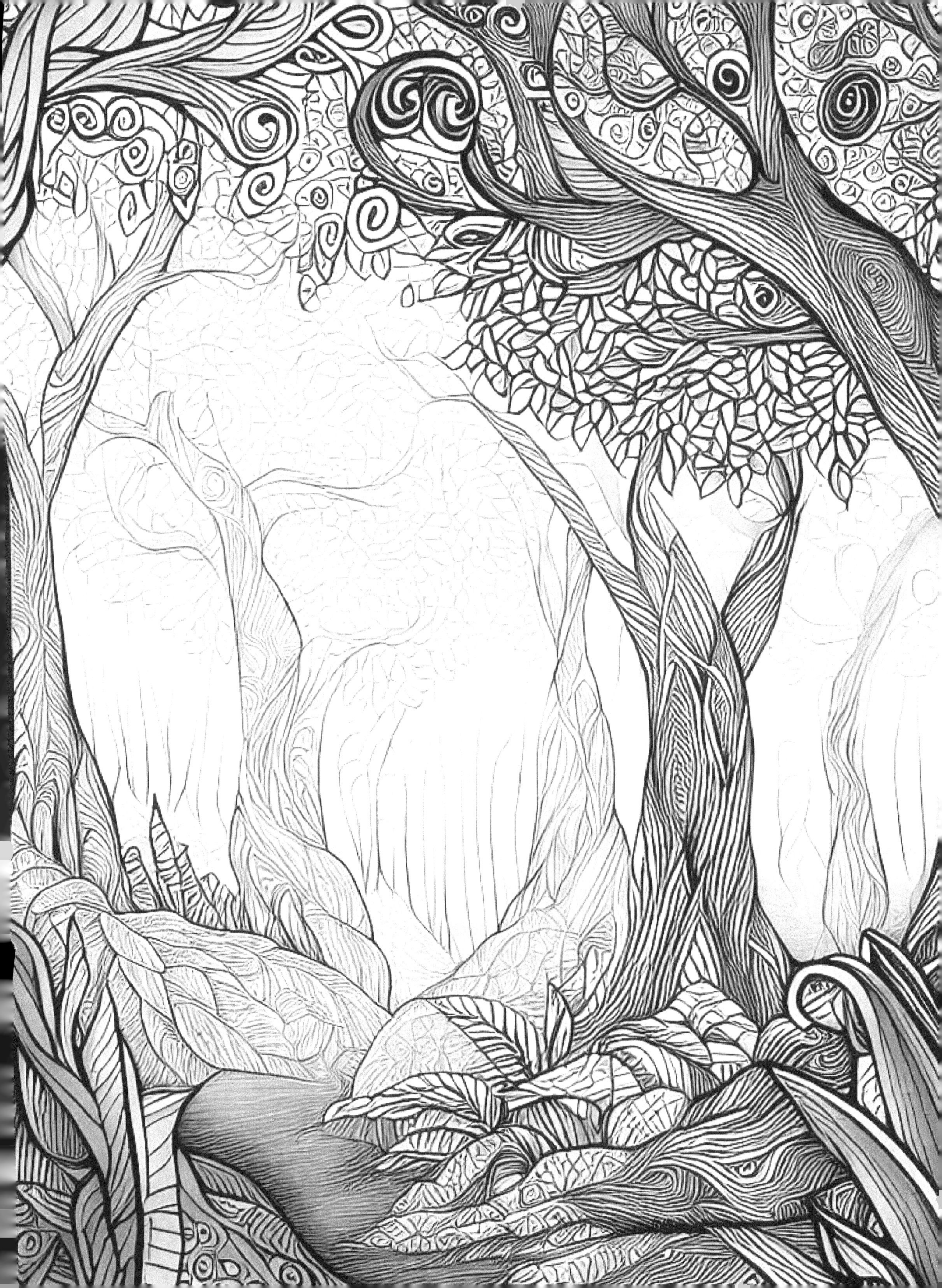

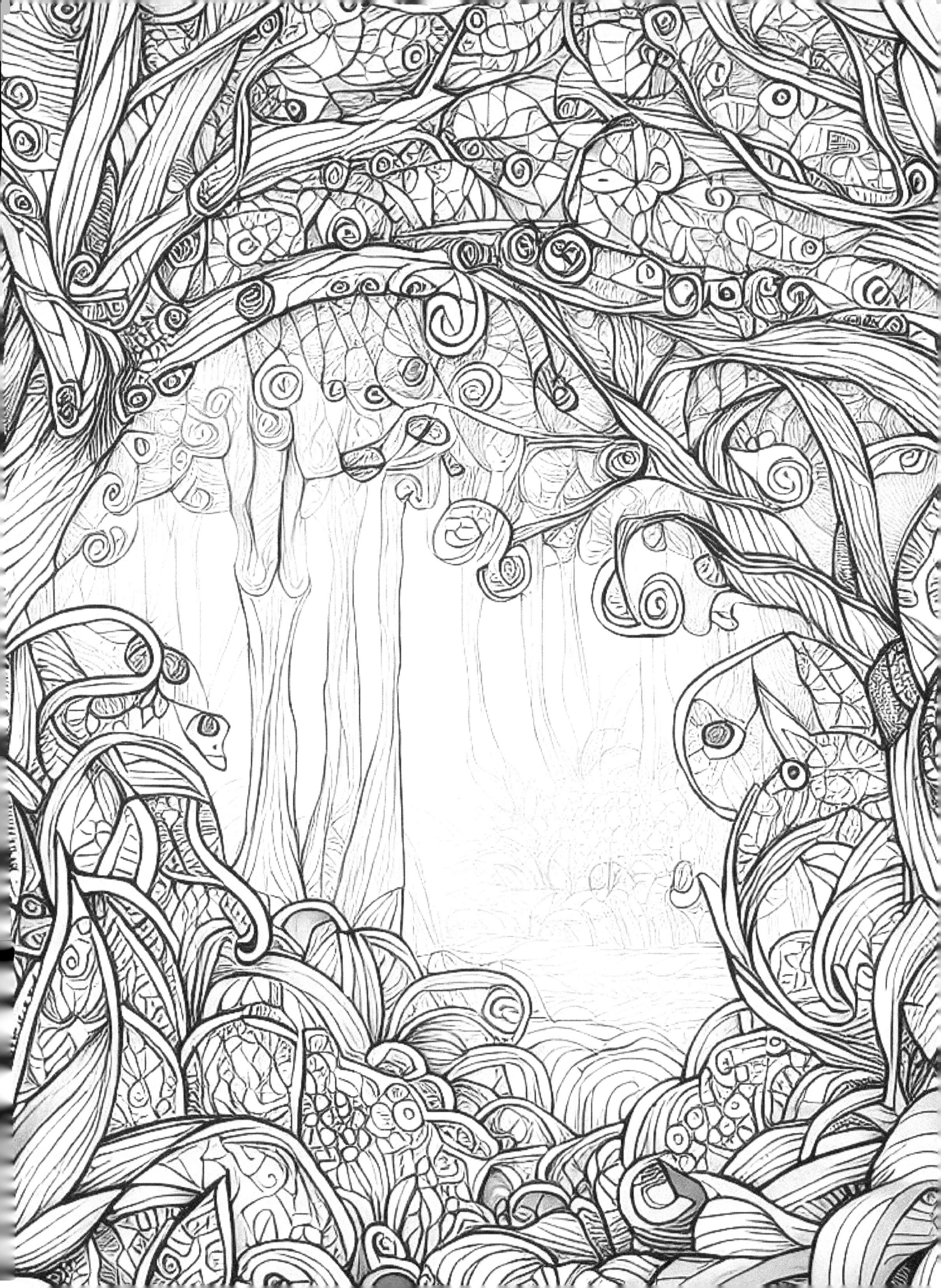

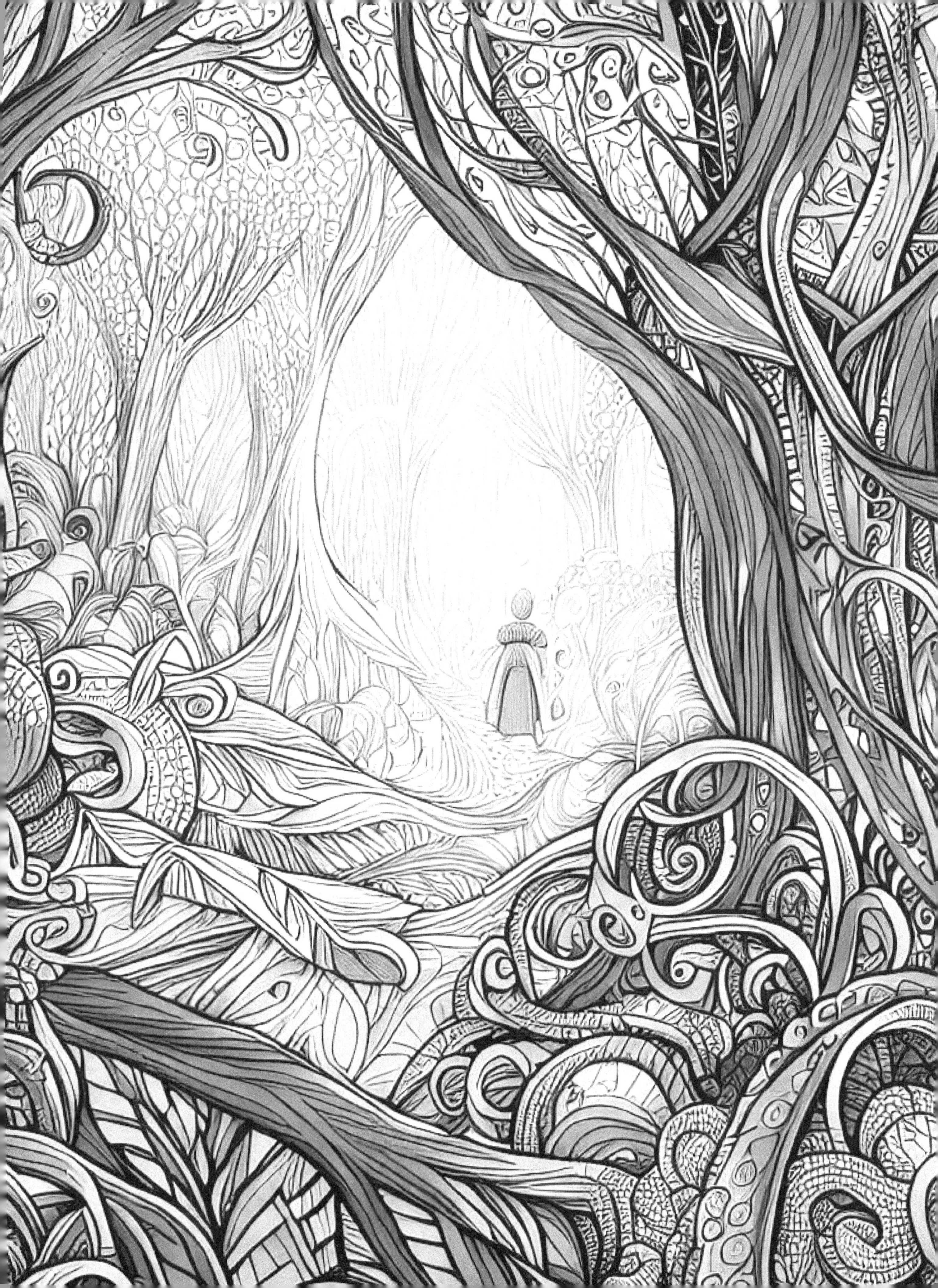

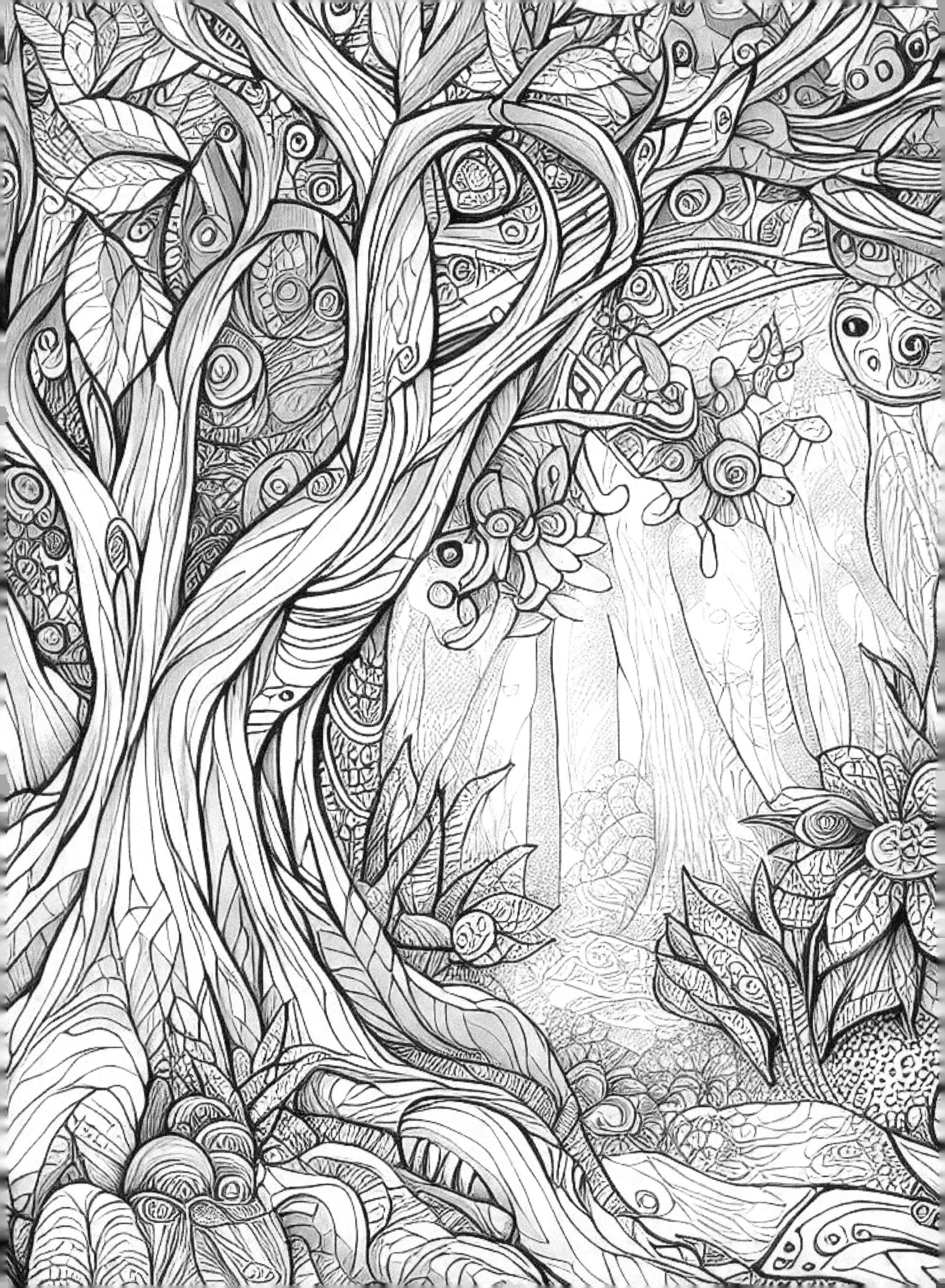

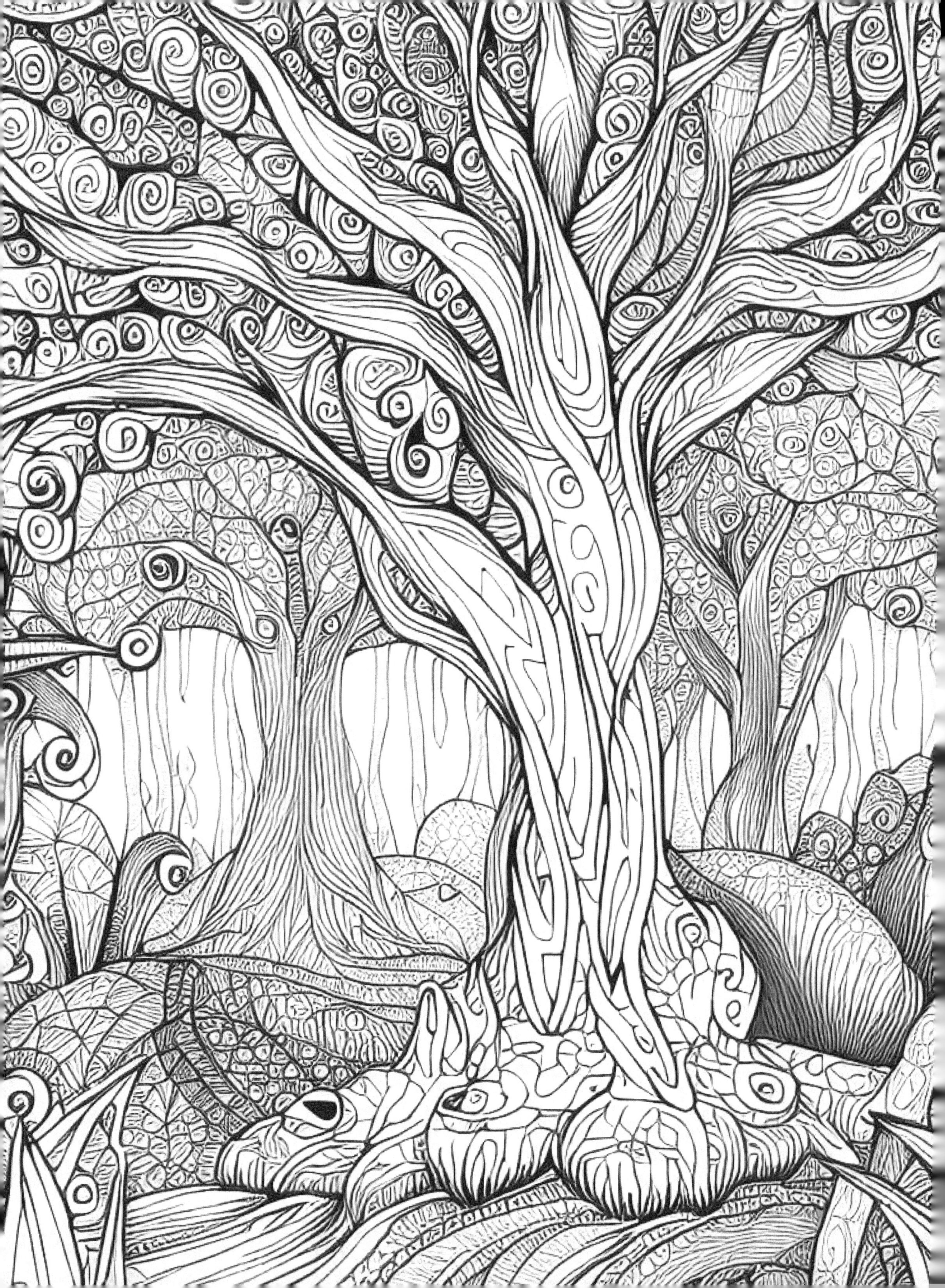

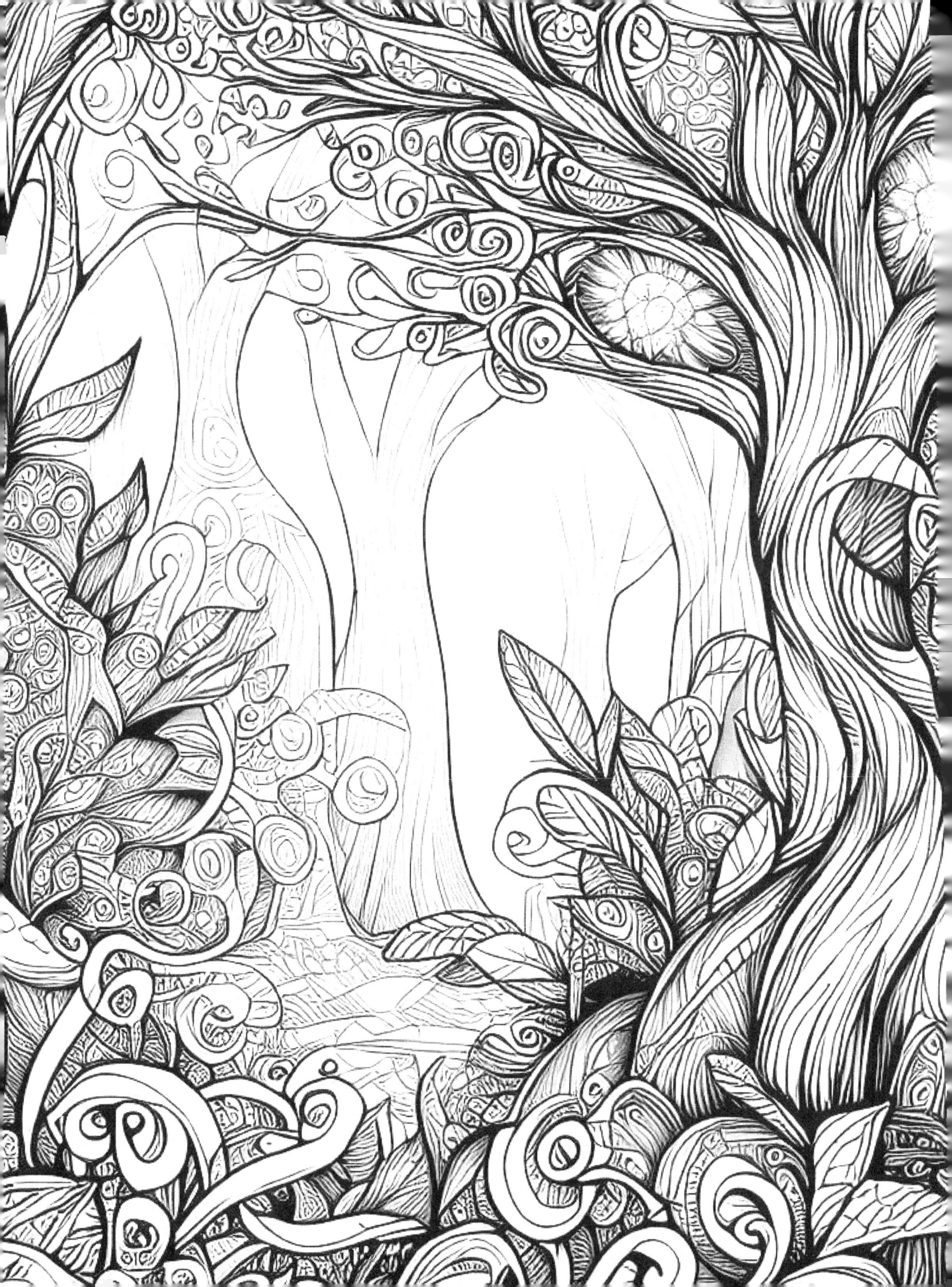

www.ingramcontent.com/pod-product-compliance
Lightning Source LLC
Chambersburg PA
CBHW082023230526
45466CB00023B/3336
* 9 7 9 8 3 9 6 3 9 6 5 7 9 *